姑苏符号

苏州名胜古迹

《姑苏符号》编委会　编

苏州新闻出版集团
古吴轩出版社

图书在版编目（CIP）数据

姑苏符号. 苏州名胜古迹 /《姑苏符号》编委会编
. -- 苏州：古吴轩出版社, 2019.12（2023.8重印）
ISBN 978-7-5546-1434-1

Ⅰ. ①姑… Ⅱ. ①姑… Ⅲ. ①苏州－概况 Ⅳ.
①K925.33

中国版本图书馆CIP数据核字(2019)第239320号

策　　划： 唐伟明　陆月星
顾　　问： 叶正亭
特约专家： 柯继承　余　嘉
责任编辑： 鲁林林
装帧设计： 戴玉婷
封面设计： 刘雨馨
责任校对： 赵亚婷
插　　画： 星　火　刘雨馨
摄　　影： 祁金平　钟敏强　王亭川
谈晓华　唐伟明 等

书　　名： **姑苏符号·苏州名胜古迹**
编　　者： 《姑苏符号》编委会
出版发行： 苏州新闻出版集团
古吴轩出版社
地址：苏州市八达街118号苏州新闻大厦30F
电话：0512-65233679　　　邮编：215123
出 版 人： 王乐飞
印　　刷： 无锡市证券印刷有限公司
开　　本： 787mm × 1092mm　1/16
印　　张： 8.25
版　　次： 2019年12月第1版
印　　次： 2023年8月第2次印刷
书　　号： ISBN 978-7-5546-1434-1
定　　价： 35.00元

编委会

人物介绍

文文

小学生，性格憨厚，有时候又有点小迷糊，喜欢阅读，遇到想不通的问题喜欢打破砂锅问到底。他的理想是长大后成为一名博学的工程师。

乐乐

文文的同学，性格开朗，喜欢打抱不平，同学中的开心果，有责任心，做事认真。长大后他想成为一名酷酷的飞行员。

小美

文文的邻居，幼儿园、小学同班同学，平时有点爱臭美，有点冷幽默，做事很有自己的主见。她想成为一名艺术家，因为弹琴、画画、跳舞她都在行。

孩子们的课外导师，爱护学生，工作热情，知识渊博，思维活跃，虽然有时候很严肃，但同学们都不怕他，因为他胖墩墩的样子实在惹人喜欢。

苏博士

文文爸爸

报社的编辑，工作时沉着、冷静，回家后温和、热情，喜欢跟文文一起读书、运动、旅游。希望与儿子建立起铁哥们一样的关系。

目 录

第一单元　虎丘

到苏州不游虎丘，乃憾事也…………… 2

虎丘传说………………………………… 6

虎丘人文………………………………… 10

虎丘民俗………………………………… 14

社会实践课　游虎丘…………………… 18

第二单元　寒山寺

走进寒山寺……………………………… 22

寒山寺听钟……………………………… 26

寒山寺诗碑……………………………… 30

枫桥“五古”…………………………… 34

社会实践课　游寒山寺………………… 38

第三单元　北寺塔
吴中第一古刹——北寺塔 …… 42
走进北寺塔 …… 46
知恩报恩 …… 50
北寺塔吴语 …… 54

第四单元　双塔
走进双塔 …… 60
定慧寺变迁 …… 64
双塔贡院 …… 68
群星闪烁双塔旁 …… 72

第五单元　文庙
源远流长的千年文脉 ………………… 78
纪念孔子 ……………………………… 82
范仲淹与苏州府学 …………………… 86
走进苏州碑刻博物馆 ………………… 90
社会实践课　参观文庙 ……………… 94

第六单元　石湖
石湖和石湖景区 ……………………… 98
不可不说的石湖历史 ……………… 102
那人、那水、那山 ………………… 106
有趣的石湖，有趣的习俗 ………… 110
社会实践课　游览石湖 …………… 114

附录　苏州名胜古迹一览 ………… 116

社会实践课活动地图

虎丘塔
寒山寺
艺圃
环秀山庄
曲园
怡园
苏州文庙
可园
瑞光塔
上方山
石湖
桃花坞大街
西中市
东中市
中街路
景德路
景德路
养育巷
人民路
干将西路
道前街
道前街
侍其巷
书院巷
新市路
新市路
人民路

苏州名胜古迹

北寺塔
齐门路
拙政园
百家巷
西北街
东北街
狮子林
白塔西路
白塔东路
临顿路
平江路
仓街
前街
耦园
干将东路
凤凰街
五卅路纪念碑
吴作人艺术馆
双塔
十梓街
十全街
带城桥路
网师园
沧浪亭
竹辉路

虎丘关键词

★ 到苏州不游虎丘，乃憾事也。

★ 憨憨泉、剑池、真娘墓

★ 槜（zuì）李之战

★ 虎丘庙会；虎丘泥人

第一单元

虎丘

1 到苏州不游虎丘，乃憾事也

苏博士导读

意大利的比萨斜塔闻名于世，在苏州，也有一座斜塔可与之媲美。

我知道，是虎丘塔，它可是驰名中外的著名斜塔哦。

很多人去虎丘玩，都是为了看虎丘塔。

听说虎丘塔比比萨斜塔建成的时间还早，距今已经有一千多年的历史了！

看来大家对虎丘塔已经非常了解了，真不错。今天，我们就一起走进“吴中第一名胜”虎丘，了解更多有关这座山和这座神秘斜塔的故事。

苏博士课堂

虎丘位于苏州城西北郊。在很久很久以前，这里是一个海湾，虎丘是由火山爆发产生的灼热岩浆堆积而成的小岛，涨潮时被水淹没，退潮时又涌出海面，因而被称为海涌峰（海涌山）。长久以来，海陆变迁，海涌峰就演变成了陆地上的一座山丘。

那么，海涌峰为什么后来会被称为“虎丘”呢？这里有一个流传了几千年的故事。

三千多年前，周太王古公亶父的长子泰伯、次子仲雍为让王位，离开陕西岐山，来到太湖之滨，在这里建立了勾吴部落。经过几代人的开拓和积聚，建立了吴国。吴王阖闾为了争霸事业，重用孙武和伍子胥，“设守备，实仓廪，治兵库”，建造阖闾大城，使吴国国力达到了鼎盛。阖闾为了扩张版图，趁越王允常去世的机会，亲自率兵攻打越国。但他骄傲轻敌，中了越王勾践的埋伏，受了重伤，回师的途中去世。吴王夫差把父亲阖闾葬在海涌峰，据说葬后三天，就发现有只白老虎盘踞在这里，所以，之后这里就被称为“虎丘”。

虎丘山虽然不高，但古木参天，周围有不少名胜。千年以来，虎丘山依托着秀美的景色、悠久的历史文化，享有“吴中第一名胜”的美誉。相传，宋代大文豪苏东坡曾有“到苏州不游虎丘，乃憾事也”的盛赞，更使虎丘成为人们到苏州的必游之地，也成为历史文化名城苏州的一个标志。

拓展问答

虎丘塔为什么会发生倾斜?

主要是因为地基不均匀沉降而引发倾斜。20世纪80年代在调查时，曾开挖塔基西南和东南角的探槽以及东北角的探井，这才发现塔基很浅，由于塔基南半部和北半部的填土层厚度不均匀，砖塔自重又很大，形成沉降差，致使塔身慢慢倾斜。另外，苏州地区日照南北有差别，气候又多雨，千百年的风霜雨露，使砖塔北侧地基泥土经常处于潮湿的状态，造成压缩差，这也是造成虎丘塔倾斜的原因之一。

虎丘塔比意大利的比萨斜塔历史更悠久吗?

是的。虎丘塔是世界八大斜塔中最古老的一座，也是现存最古老的砖塔、唯一保存至今的五代建筑。虎丘塔始建于五代周显德六年(959)，比建于1173年的比萨斜塔早了二百多年，且建塔六百多年之后才开始倾斜，目前，已经历四百多年斜而不倒；而比萨斜塔，是工程开始仅一年以后就发生倾斜，建成之后，由于倾斜程度过于危险，曾于1990年停止开放，之后修复了11年才稳住斜塔，再次开放。

大文豪苏东坡先生如此喜爱虎丘，是不是还留下过其他与虎丘相关的篇章？

苏东坡多次游览虎丘，写下不少诗篇来赞美虎丘的幽美。如其中一首绝句：“青盖红旗映玉山，新诗小草落玄泉。风流使者人争看，知有真娘立道边。”

课外活动

你能用自己的话来介绍虎丘的一处景点吗？

2 虎丘传说

苏博士导读

我对虎丘的试剑石最感兴趣，传说干将、莫邪炼成雌雄宝剑，献给吴王阖闾，阖闾挥剑一试，就将大石分成了两半。

我还听过另一个传说——当时秦始皇来到虎丘，想挖出阖闾墓中的宝剑，发现有白虎卧在墓上，秦始皇以剑击之，却误劈到了这块大石。

好神奇啊，苏博士，这些传说是真的吗？

哈哈，其实，这些传说都只是人们美好的想象。事实上，这块试剑石，是典型的火山喷发后的凝灰岩，久经风化，形成了一条酷似刀削剑劈的裂缝。

苏博士课堂

“虎丘吴小山，东南称奇观。”虎丘的自然风光声名远播，这自然风光背后的传说故事，更是引人入胜，使人流连忘返。

憨憨泉

过了二山门，沿着山路拾级而上，可以看到路的西侧有一石井，井壁刻有北宋吕升卿所书“憨憨泉”。相传，梁代僧人憨憨法师是庙里的挑水和尚。

他自小患有眼疾，看不见东西，但是耳朵灵、心眼好。有一次，他挑水经过这里，踩在青苔上摔了一跤，他就想，青苔生长在潮湿的环境，是不是说明这里有泉水呢？于是，他就在这里挖土寻找泉眼。有村民见他瞎折腾，就笑他傻，说：“如果能挖出泉水，我就变成一只大青蛙守在这里。”话音刚落，地下就冒出一股清泉，喷到了憨憨法师的脸上。顿时，他感到一阵清凉拂过双眼，竟重见了光明。这个时候，憨憨法师发现，那个村民果然变成了一只青蛙，此后，这只青蛙便真的一直守在古井旁。

剑池

虎丘最引人入胜的就属传说是吴王阖闾墓址的剑池了。许多到过虎丘的人都知道，剑池是个景色优美的地方，但你知道吗，它还是个像谜一样神秘的地方呢！传说，剑池不是天然的，而是人工斧凿而成的。剑池下藏有春秋末期吴王阖闾的许多

宝剑，以及吴王阖闾的棺椁和珍宝。从秦始皇到三国时的孙权，再到后来历朝历代的能人将士，都曾尝试从剑池找到吴王阖闾的墓穴，挖出陪葬的珍宝和宝剑，但无一成功。到了近现代，虽然人们可以用高科技手段进行考古研究，但专家发现，真要打开藏在剑池底下的墓穴，那剑池边的虎丘塔极可能毁于一旦，整个虎丘风景区也将随之化为乌有。这样损失就太大了！最后，考古学家们放弃了开墓的想法。剑池底下到底藏着什么呢？这个秘密也许要在若干年后才能揭开。

真娘墓

真娘墓也是虎丘的一个著名景点。真娘，也称贞娘，是唐代苏州著名的歌伎。她本名为胡瑞珍，北方人。安史之乱时，她逃难来到苏州，迫于生计，沦为歌伎。真娘善歌能诗，才貌出众，不久便成为当时苏州的一位绝色佳丽。但她人品高洁，立志做一个有尊严、有气节的人。为了反抗压迫，她最终投缳（huán）自尽，葬身虎丘。真娘墓就是为了纪念她而建，当时许多诗人都写诗称颂过她，如白居易在《真娘墓》诗中写道：“脂肤荑手不牢固，世间尤物难留连。”表达了诗人对真娘早逝的无限惋惜和同情。

拓展问答

剑池下面真的埋藏着吴王阖闾的墓和宝藏吗?

中华人民共和国成立后，苏州市政府曾组织专家，到虎丘进行考察和研究，并于1955年整修虎丘，疏浚剑池。考察发现，虎丘剑池不是天然的，肯定是人工所建，并于池底发现了疑为吴王墓门的石板门，因此，可合理推测，剑池是为了掩护吴王墓而设计开凿的，墓门后面很可能存在某种秘密。但是，吴王墓是否就在其中，在未经考古发掘证实之前，依旧是千古之谜。

虎丘还有其他有趣的景点吗?

还有很多，如天然的巨大石砥千人石，千年不倒的断梁殿，有“仙人一盘棋，世上已千年”之说的二仙亭，镌有康熙御诗的御碑亭，著名的苏派盆景展示园万景山庄等。

课外活动

选择你最喜欢的一处景点，在景点处拍摄一段小视频，向大家介绍你了解的关于这处景点的传说故事。

3 虎丘人文

苏博士导读

虎丘不愧是“吴中第一山”，一个个传说故事，让这里的美景更神秘了。

不仅如此，这里的很多墨迹、楹联，背后也有很多轶事，更为虎丘美景增色。

听说，剑池里的“虎丘剑池”四个大字，是大书法家颜真卿书写的。

我听说“剑池”是颜真卿的真迹，但“虎丘”二字不是颜真卿原书，是后人补写的，所以有“真剑池，假虎丘”之说。

看来大家对虎丘的人文故事也很了解嘛，真棒！

苏博士课堂

虎丘的人文历史，可追溯到两千五百多年前，和苏州古城一样历史悠久。相传，春秋时期，这里就是吴王阖闾的离宫所在。千百年来，无数英雄豪杰、文人雅士来到虎丘，留下了众多的宝贵遗迹和传说故事，为虎丘的美景增添了浓厚的传奇色彩。

上溯至春秋末期，吴王阖闾在与越国的槜李之战中，兵败身亡，其子夫差将他葬在虎丘。之后，夫差为替父亲报仇雪恨，又率兵攻打越国，在太湖中的夫椒山大败越军，俘获越王勾践夫妇，将他们发配到虎丘阖闾墓前，守坟养马，以解心头之恨。

后来，秦始皇东巡至虎丘，曾经登山游览，并派人挖掘阖闾墓，还留下了试剑石的传说。东汉末年，孙权以苏州为根据地，发展争雄事业，也曾派人挖掘阖闾墓，寻找地下宝藏，最后当然也一无所获。

到了唐代宝历年间，白居易任苏州刺史一年多的时间里，开挖了自阊门至虎丘的山塘河，沿河边筑了一条七里山塘，时人称为白公堤。从此人们游虎丘，水陆称便。

宋代，虎丘就因苏轼等名人的盛赞而名声更大。明代，宰相王鏊和画家唐寅，曾在剑池壁上留下记事石刻两方，载有明正德七年（1512），剑池水干，于池底发现吴王墓门的情况。这两方石刻，在1955年苏州政府疏浚剑池时被发现。

到了清代，虎丘甚至一度成为皇帝南巡必游之地，康熙、乾隆帝都曾先后六次游览虎丘，留下了许多墨宝，使虎丘的山光水色在帝王的幽思豪情中升华，生发出灿烂夺目的光辉。

虎丘还是历代文人画家的创作源泉，为他们提供了丰富的艺术灵感，成就了无数的诗文书画。虎丘的自然、历史、文化、民俗，就是一部浓缩的苏州简史。

拓展问答

苏博士，这块“枕石”有什么来历吗？

“枕石”二字，相传为明代苏州才子祝枝山所题。这里还有一个有趣的传说。苏州才子唐伯虎偕秋香游虎丘，走累了，就枕靠着这块大石休息，不知不觉睡着了。正巧，唐伯虎的好友祝枝山，也偕夫人来游虎丘，无意当中看到唐伯虎的这副样子，就把他推醒，调侃了一番后，在石头上挥毫写下了“枕石”两字。当然，这只是民间流传的趣闻雅事，事实上，我们都知道，唐伯虎与秋香的故事是不真实的，但唐伯虎的确经常来虎丘游玩，民间还流传着更多唐伯虎和虎丘的故事，感兴趣的同学可以去查查看。

听说，虎丘山门上挂的“虎阜禅寺”匾额是康熙亲笔题写的？

的确是这样。康熙帝十分喜爱虎丘，据说，他第一次来苏州后，写了两首诗，其中一首就是七绝《虎丘》：“小阜回冈落照红，长廊曲榭构西东。独怜剑石潺湲水，霸业销沉在此中。”后来，他在第六次来到虎丘时，留下了御笔亲题“虎阜禅寺”。从此，虎丘禅寺改称虎阜禅寺，金匾至今高悬于山门。

课外活动

再去找一找虎丘景点里更多文人墨客留下的诗词墨迹吧。

4 虎丘民俗

苏博士导读

你们看，这个泥人像谁？

这是苏博士吗？你从哪里买到的？

听说你去虎丘庙会玩了，是不是在那里捏的泥人？

答对了！这是专为苏博士定制的泥人，是不是很传神？

非常像，乐乐真是太棒了！一年一度的虎丘庙会又开始了，今天，苏博士就给大家讲一讲虎丘多姿多彩的民俗文化吧。

苏博士课堂

历史上，尤其是明清时期，虎丘一度成为苏州人最喜爱的交流聚会之地，后来，这里也逐渐发展出一系列具有浓厚民俗风情和吴文化特色的游览集会活动。如著名的“三市三节”——春之牡丹市、夏之乘凉市、秋之木樨（桂花）市之“三市”，清明、七月半（中元）、十月朝（月朔）之“三节”。每逢市节之时，苏州百姓邀约齐聚虎丘，欣赏美景、观看表演、饮酒喝茶……盛况空前，为人称道。

苏州人向来“竞节好游”，中秋节的虎丘曲会，就是重要的一项。明朝万历年间，中秋虎丘曲会规模空前，甚至成为中秋节俗活动的主要内容。

可以想见，那曲会场面是十分壮观的：千人石上坐满了人，黑压压一片，他们引觞赏月，听歌度曲；朗月悬空，曲声回荡，间或夹杂着弦索箫管，也夹杂着欢语喝彩。其情其景，令人向往。

明朝著名文学家袁宏道，曾作名篇《虎丘记》，记录当时虎丘曲会的盛况。《清嘉录》中也有记载，元宵灯会时，苏州百姓齐聚虎丘，张灯结彩的灯船，游弋在虎丘山塘河。丰富多彩的民俗活动，孕育了许多民间故事和传说，著名弹词《玉蜻蜓》《三笑》，主要故事情节就发生在虎丘一带。

虎丘的民俗活动还促进了当地民间工艺的发展。《红楼梦》中，薛

蟠带回的泥塑小像，就出自虎丘民间艺人之手，可见清朝时虎丘泥人的知名度有多大。2008年被列入第一批国家级非物质文化遗产名录的苏州泥塑，其中的一个重要分支，就是虎丘泥人。

我国四大泥塑——苏州虎丘泥人、广东潮州浮洋泥塑、天津泥人张、无锡大阿福，其中，虎丘泥人历史最悠久，也是无锡泥人的鼻祖。虎丘泥人的表现主题多样，比较受欢迎的一个主题是戏文人物。明清之际，诞生于苏州的“百戏之祖”昆曲走向了全国，为虎丘民间艺人的创作提供了丰富的素材，使泥塑戏文人物成为虎丘泥人中的一朵奇葩。

“落膝骱（jiè）”是虎丘泥人中另一个受欢迎的品种。这类泥塑仅以泥制作头部，涂色彩、添须发。身躯四肢另用香樟木制作，四肢关节都能活动，可坐可立，并配以绚丽多彩的四季服饰，十分精巧可爱，受到人们的欢迎，一度成为虎丘泥塑中的佼佼者。

虎丘的节庆活动是民间非物质文化遗产的珍贵遗存，充分显示了传统文化的魅力。现在，虎丘每年仍会在春天举办花会、在秋天举办盛大的庙会，以丰富群众文娱生活，充实虎丘旅游的内涵，弘扬优秀民俗文化。如今的虎丘庙会，不仅有传统的舞龙、舞狮、抬阁、踩高跷等表演，还加入了苏州评弹、昆曲、苏剧等地方特色表演。还会有民间艺人现场表演泥塑、剪纸、竹编、藤编、刺绣等传统民间工艺。如今，“天凉好个秋，要看庙会到虎丘”已经成了苏州的新风尚。

虎丘泥人

拓展问答

现在的虎丘庙会加入了哪些新特色呢？

苏州虎丘景区自20世纪90年代起，传承“山塘出会，虎丘看会”的传统，重启了每年秋季的金秋虎丘庙会。庙会以“弘扬中华民俗文化，再现传统庙会盛况”为宗旨，集民间文艺表演、手工艺表演、风味小吃和展销为一体。近年来，更是结合各种历史典故、传闻轶事、江南特色风情，逐渐发展成为传承吴地文化的大型民俗活动，使游客在现实与虚幻、古典与现代之间穿梭，感受吴文化的独特魅力。

历史上，有哪些名人参加过虎丘的民俗活动？

千百年来，虎丘的民俗活动不仅受到当地人的喜爱，更吸引了许多文人名士的到来，留下了不少脍炙人口的名篇。比如，我们前面提到的，明代袁宏道的《虎丘记》，还有张岱的《虎丘中秋夜》、黄尊素的《虎丘看月赋》、清代俞旸的《虎丘中秋歌》等，感兴趣的同学可以找来读一读。

课外活动

和爸爸、妈妈一起去虎丘庙会游玩吧，感受民俗文化的多姿多彩。

社会实践课　游虎丘

苏博士去哪儿

了解了虎丘的历史传说，品味了虎丘的人文气息，感受了虎丘的热闹民俗，今天，苏博士就带大家一起去探秘虎丘！

我在查资料时发现，虎丘山里，还有一座孙武子纪念亭和孙武练兵场，是用来纪念兵圣孙武子的。

是的，听说成语“三令五申”就出自这里呢。当时，吴王阖闾对孙武所献兵法十分赞赏，令他按兵法训练宫女。孙武开始练兵时，宫女们却以为是在游戏，嬉笑不停。孙武几番解释，宫女却依然不听，孙武喝令斩了两位队长，众宫女才明白，军令不同儿戏，乖乖配合练兵了。据说，当时练兵的场地，就在今天的孙武练兵场呢。

太棒了！听爸爸说，在虎丘景区后山，还有一座孙武子祠，也是纪念孙武的。

是的，这座孙武子祠，是清代时孙武的后人孙星衍建造的，不过被大火烧毁了，我们现在看到的是重建后的。

微旅游路线推荐

虎丘景区游览路线

头山门——海涌桥——断梁殿——万景山庄——拥翠山庄——憨憨泉——试剑石——枕石——真娘墓——孙武练兵场——千人石——虎丘剑池——第三泉——二仙亭——悟石轩——冷香阁——石观音殿遗址——虎丘塔——小武当——生公讲台

虎丘后山景区游览路线

一榭园（授书堂、宝斋、亭轩、积书岩、壶天小阁）——虎丘环山河——云岩桥——孙武子祠（“知之者胜”牌坊、钟鼓厅、享堂、兵器厅、车马厅、“致胜阁”广场）

完成微记录

选择一种完成

1. 制作“虎丘游明信片”：

（1）手绘旅行中你最喜欢的一处景点；

（2）将你的手绘图设计成明信片；

（3）在明信片上写上祝福的话，送给你的好朋友。

2. 制作“虎丘游PPT”：

（1）拍摄旅行中的精彩照片或者短视频；

（2）结合本单元的学习内容，将你拍摄的素材制作成虎丘游PPT。

寒山寺关键词

★ 张继《枫桥夜泊》

★ 寒山与拾得

★ 寒山寺钟声；“天下第一佛钟”

★ 寒山寺诗碑；“中华第一诗碑”；俞樾

★ 枫桥“五古”：寒山古寺、江枫古桥、铁铃古关、枫桥古镇、古运河

第二单元

寒山寺

1 走进寒山寺

苏博士导读

寒山寺是中国名寺之一，大家来说一说，你们对寒山寺了解多少呢？

寒山寺里有钟楼、诗碑，还有藏经楼，是一座经历了千年风雨的古寺。

寒山寺自古以来就很有名，文人墨客到了苏州，都要到寒山寺听一听钟声，留下了很多脍炙人口的诗篇。除了张继的《枫桥夜泊》，我们还学过孙觌的《枫桥三绝》。

还有陆游也写过《宿枫桥》：“七年不到枫桥寺，客枕依然半夜钟。”

你们说得很好，今天，苏博士就带着大家一起，走进寒山寺，了解它的前世今生。

苏博士课堂

寒山寺，位于苏州阊门外的枫桥风景名胜区，建于六朝时期的梁代天监年间，距今已经有一千五百多年的历史了。

说到寒山寺，就要先说一说寒山与拾得。原本，这座千年古刹叫“妙利普明塔院”。后来，唐代高僧寒山子曾在此留宿。寒山子有个好朋友叫拾得。如今的寒山寺中建有寒拾殿，纪念的就是这二位得道高僧。

寒山与拾得在佛学上造诣颇深，有一次，寒山问拾得：“世间有人谤我、欺我、辱我、笑我、轻我、贱我、恶我、骗我，该如何处之乎？”拾得回答：“只需忍他、让他、由他、避他、耐他、敬他、不要理他，再待几年，你且看他。”后来，这段经典对话在佛教界和民间广为流传，影响很大。

寒山和拾得在当时的名气很响，甚至有传说认为，寒山与拾得分别是文殊菩萨和普贤菩萨的化身，曾在寒山寺修行，后来被人认出，就双双乘鹤归去了。

安史之乱时，诗人张继来到苏州，写了《枫桥夜泊》诗，寒山寺一下子名扬天下。到了南宋，南北纷争、地方不宁，寒山寺被肆意践踏，墙倒屋塌，寺僧隐匿。绍兴四年（1134），寒山寺进行了重修，再建佛塔，还新建了水陆院。修复后的寒山寺，其规模气势远胜往昔。可惜在元朝末年，寒山寺及其佛塔再次毁于战火。明代，寒山寺又几经重建、修复。

与众多千年古刹的命运类似，寒山寺也历经多次毁损、重建。现在我们见到的寒山寺，是清代重建的，也有一百多年的历史了。随着《枫桥夜泊》的广泛流传，寒山寺驰名中外，成了苏州名胜古迹中的重要标志。

拓展问答

“大雄宝殿”有什么寓意，殿内都有些什么？

大雄宝殿是寒山寺的正殿。殿内正中供奉的是释迦牟尼佛，佛像系木雕像。寒山寺大雄宝殿的特色，在释迦牟尼佛像的背后，不同于其他寺庙的《海岛观音图》，这里供奉的是石刻《寒山拾得图》。图上寒山、拾得二位高僧，面带微笑、姿态潇洒，全然一副世外高人的模样。这幅画是“扬州八怪”之一罗聘所作。

寒拾殿有什么特点呢？

寒拾殿位于寒山寺的藏经楼下。楼的屋脊上有一组《西游记》中的场景雕饰，唐僧双手合十，孙悟空手提金箍棒，猪八戒肩扛钉耙，沙僧挑着经箱，四人一马皆踏着祥云，俨然一副西天取经归来的模样。主题与藏经楼的含

义十分贴切。寒山、拾得二人的塑像就立于殿中。塑像的背后嵌有千手观音画像石刻，上有清代乾隆年间，苏州状元石韫玉的篆书“现千手眼”。

苏博士，再为我们介绍一下寒山和拾得这两位高僧吧。

寒山与拾得是一对好朋友。寒山曾隐居浙江天台寒岩，自号“寒山子”，他善于作诗，人称诗僧，其诗内容有释道思想，语言通俗，把深奥的佛学玄理用浅显的文字表达出来，有《寒山子诗集》流传于世。拾得原是个孤儿，被天台山国清寺的高僧丰干在赤城山道上捡到，收养为僧，所以起名叫拾得。

课外活动

去寒山寺寻找寒山、拾得的踪迹，通过拍照片、视频等方式记录你的发现。

2 寒山寺听钟

苏博士导读

你们听，这是什么声音？

这个声音好浑厚，好像在哪里听到过。

这是寒山寺的钟声！

没错，这就是寒山寺的钟声。如今，寒山寺有新年敲钟祈福的习俗，对苏州人来说，新年到寒山寺听钟声十分有仪式感，悠扬的钟声寄托了人们美好的愿望与祝福。今天，苏博士就带大家去聆听寒山寺的钟声吧！

梵音阁

苏博士课堂

一千二百多年前，诗人张继在这里，写下了脍炙人口的《枫桥夜泊》，从此，寒山寺的钟声便扬名海内外，成为文人们喜爱表达的主题。

不过，随着时光流逝，如今，我们在寒山寺看到的钟，早已经不是当年张继诗中的那口了。据说，早在明末，那口历经沧桑的钟，就已经流入了日本。

相传，随着《枫桥夜泊》的声名远播，在唐诗盛行的日本，也有许多人对寒山寺怀有向往之情。清末，日本的山田先生四处寻访此钟，欲把它归还给寒山寺，但始终无法找到。于是，他募集资金，让一批优秀的日本匠人精心打造了一对青铜钟，一口留在日本的观山寺，一口送给了寒山寺。这口钟虽然不是张继诗中的钟，但它在中日民间文化交流和友好往来的史册中，写下了美好的一页。

如今，每年的最后一天晚上，寒山寺一带都十分热闹，人们聚集在此，或观赏各种民俗表演，或游览观光，或虔诚祈福，处处洋溢着节日的喜庆氛围。23时42分开始，寒山寺的住持就会在钟楼上敲响大钟。“咚——咚——”，钟声悠扬浑

厚，向人们传递着最虔诚的新年祝福。待到零时，钟声正好响起第108下，此时人们的热情也达到了最高潮，大家欢呼着，雀跃着，恭贺新年，互赠祝福。

为什么要敲108下呢？有人说，是因为一年有12月，24节气，72候（5天为1候），合为108，象征一年轮回，天长地久。也有人说，是因为芸芸众生有108种烦恼，所谓“闻钟声，烦恼清，智慧长，菩提生”，寓意为听完钟声，除尽烦恼。不管这108下钟声究竟源于哪一种说法，都包含了人们对生活的美好祝愿。

其实，现在寒山寺里，最著名的钟还不是钟楼里的那口，而是新建寒山别院里梵音阁中的“天下第一佛钟”。钟面上刻着《大乘妙法莲华经》，洋洋洒洒七万多字，无愧于“天下第一佛钟”的美名。

梵音阁有三层，沿着楼梯层层上爬，在三楼俯视巨钟，更觉无比震撼。钟悬于楼上，贯穿三层，时而有游客敲钟，浑厚悠扬的钟声盘旋在整个梵音阁里，那悠悠禅意，便随着钟声，飘进了人们心里。

“天下第一佛钟”

拓展问答

寒山寺在日本也很有名吗?

是的。这也跟《枫桥夜泊》诗有关。在日本，这首诗几乎家喻户晓，甚至被编入了小学教材，日本的小学生也都会背诵这首诗哦。据说，当年拾得和尚东渡日本传道，在日本也建了一座“寒山寺”，把佛家叩钟108下的传统也传到了日本。

课外活动

“姑苏城外寒山寺”的夜半钟声，悠悠飘荡了一千年，无数的文人墨客为它魂牵梦萦，写下诗篇。请你也去听一听寒山寺的钟声，并就自己的感受，写一篇日记。

3 寒山寺诗碑

苏博士导读

这里有好多碑刻哦，刻的都是《枫桥夜泊》诗，真是壮观。

这就是寒山寺的著名景点之一——碑廊，这里，有很多书法大家手书《枫桥夜泊》的碑刻。

苏博士，我曾在南京的总统府里看到过《枫桥夜泊》诗碑，它跟寒山寺的诗碑有关系吗？

文文真细心。实际上，南京总统府的确有一块俞樾手书《枫桥夜泊》诗碑，不过，它是仿制的，俞樾的手书原碑，就在寒山寺里。

苏博士课堂

寒山寺的碑刻素来闻名，而其中最著名的，就是《枫桥夜泊》诗碑了。

《枫桥夜泊》大碑，被誉为“中华第一诗碑”，高达16.9米，重达390吨。此碑碑额上，有九龙缠绕，共刻有28条蛟龙，碑身上，则有祥云环绕，很是壮观。

《枫桥夜泊》诗碑有很多块，它是历史记载最早的诗碑，第一块始刻于宋朝，由名相王珪（guī）手书。后来，此碑因寒山寺屡经战乱，多次被焚而不存。现在，我们看到的王珪手书诗碑，是苏州著名书法家费之雄，从三千余字的王珪手迹墓志铭拓片中，找出对应的文字，由苏州碑刻博物馆雕刻家时忠德重刻的。

明代重修寒山寺时，姑苏才子、画家文徵明手书《枫桥夜泊》诗，镌刻成碑。可惜，此后寒山寺又遇大火，文徵明的手书诗碑也残破不堪，现残碑仅存“啼”“霜”“姑”“苏”等字。当然，我们现在看到的文徵明手书碑刻，也是用集字的方法补刻而成的。

清光绪年间，重修寒山寺时，著名国学大家俞樾再书《枫桥夜泊》诗，刻成了寒山寺历史上的第三块诗碑。俞樾的手书古朴重拙，章法稳重，气度优雅，一气呵成，乃古今书艺绝品。其时，俞樾已86岁高龄，此碑是他的绝笔之作，弥足珍贵。后来，寒山寺又在寺外，以俞樾手书立“中华第一诗碑”，气势雄伟，名满天下。

除了《枫桥夜泊》诗碑，寒山寺还有一条长长的碑廊，有许多名人雅士在此留下了自己的佳作。

岳飞当年被十二道金牌急召回临安时，途经寒山寺。他静立在寺中，想到

“中华第一诗碑”

这十二道金牌即将终结他的抗金事业，南宋王朝危在旦夕，自己却没办法违抗皇令，心中的悲伤与愤懑难以言说，便挥笔写下了一副对联：三声马蹀（dié）阏氏（yān zhī）血，五伐旗枭（xiāo）克汗头。

七百多年后，康有为游览寒山寺，听闻当年张继诗中的古钟，已辗转流落日本，而当时国内局势动荡不安，国家正处在生死存亡之时，他满腔愤慨无处宣泄，便写下了一首诗：钟声已渡海云东，冷尽寒山古寺风。勿使丰干又饶舌，化人再到不空空。

值得一提的是，这块碑右上角还刻有一方闲章：维新百日，出亡十四年，三周大地，游遍四洲，经三十一国，行四十万里。短短二十七个字，概括了康有为的一生。

碑刻无言，却让“姑苏城外寒山寺”的诗韵穿越了千年历史，把寒山寺从唐朝“照”到了今天。

拓展问答

寒山寺里，还有哪些名人手书《枫桥夜泊》碑刻？

俞樾之后，民国年间，又有另一个叫张继的学者，题写《枫桥夜泊》诗。之后，又有李鸿章、刘海粟、启功、李大钊等近现代名人手书此诗，镌刻成碑。《枫桥夜泊》和《枫桥夜泊》诗碑，竟成了一条贯穿古今的脉络，延续着寒山寺与张继之间恒久的缘分。

有人说，寒山寺门口的“寒山”和“寺”字不是一个人写的？

是的。据说这三个字其实是由两个人写的。“寒山”二字，是苏州著名的四大才子之一祝枝山写的，“寺”这个字，却是陶浚宣写的。

相传，当年才子祝枝山一字千金，寒山寺请他题字，却只能拿出两千两黄金，祝枝山便写下“寒山”二字。方丈问，还有一个“寺”字呢？祝枝山大笑说，只有两千两，所以只写两个字。方丈无奈，只好先将“寒山”二字刻好。后来，陶浚宣知道了这件事，便说愿意免费将“寺”字补上，只要求将他的名字作为落款刻于其上，方丈欣然应允。于是，便有了今日所见的，字体好像不大一样的“寒山”与“寺”了。

课外活动

和爸爸、妈妈一起去寒山寺，看看“中华第一诗碑”，为他们讲讲碑廊里藏着的故事。

4 枫桥“五古”

苏博士导读

出了寒山寺，不远处就是枫桥，同学们，你们知道枫桥原本并不叫枫桥吗？

我知道，枫桥本来叫“封桥”，后来，以讹传讹，才变成了“枫桥”。

文文说得没错。古时候，这座桥在晚上是不让通行的，所以叫“封桥”，后来又有了“枫桥”的叫法。两个名字的写法一直没有定论，直到北宋时期，宰相王珪手书“枫桥”二字，刻于桥上，桥的名字才就此确定。

苏博士课堂

枫桥是上塘河上的一座单孔石拱桥。枫桥风景名胜区包括寒山古

寺、江枫古桥、铁铃古关、枫桥古镇和古运河这“五古”。

出了寒山寺门向北走，穿过工艺古街寒山寺弄，步行几十米，就能抵达枫桥铁铃古关。铁铃关，也叫枫桥敌楼，是古驿道和古运河进入苏州城的水陆交通要塞。此关始建于明嘉靖三十六年（1557），是苏州人民抗击倭寇留下的，唯一较为完好的遗迹，现为省级文物保护单位。

明代人郑若曾在《枫桥险要说》中记载：“天下财货，莫盛于苏州，苏州财货，莫盛于阊门。”可见这里的富饶。嘉靖三十三年（1554），倭寇火烧枫桥阊门一带，导致这里几乎被夷为平地，财物被抢的抢，烧的烧，“积蓄纤悉无遗”。

一年后，倭贼再度自浒墅关窜犯枫桥，被苏州军民协力全歼。嘉靖三十六年，为抵御倭寇，建了铁铃关。在当时，高大坚固的铁铃关，确实有“一夫当关，万夫莫开”之势。为了纪念抗倭英雄戚继光，铁铃关上挂着一块匾额，上书“御寇安民”四个大字。

1949年4月27日，中国人民解放军在枫桥打响了解放苏州城的第一枪，在击溃了枫桥、铁铃关一线的守敌后，进入苏州城，宣告古城苏州

解放。从此，敌楼铁铃关也成了苏州人回顾苏州解放之路的重要纪念地之一。

与铁铃关相依的，便是枫桥了。枫桥横跨大运河，这条大运河就是“五古”中的古运河。由于地处交通要道，枫桥上车马行人往来比较频繁，枫桥周边逐渐热闹繁华起来，就自然形成了一个小镇——枫桥古镇。

如今的枫桥，不仅带给人们交通的便捷，而且沉淀着历史的沧桑。千百年来，但凡是来苏州旅游的人，都要到枫桥，感受穿越千古的诗情画意，体味其中所蕴含的文化气息。

拓展问答

苏州是不是只有枫桥敌楼一个抗倭关楼？

不是。当年与枫桥敌楼同时建造的，还有葑门敌楼和木渎敌楼，葑门敌楼早已废毁，木渎敌楼的残基也于20世纪50年代拆除。因此，铁铃关就成为苏州唯一保存较为完好的抗倭关楼遗迹。

据说，《枫桥夜泊》诗中，还隐藏着另一座桥？

没错，是有这样的说法。有人认为，诗的第二句“江枫渔火对愁眠”中，“江枫”指的是枫桥和寒山寺前的江村桥。江村桥看起来与枫桥很像，枫桥因《枫桥夜泊》而闻名于世，江村桥却默默无闻了很多年。其实，这两座桥一前一后，模样相似，相对而立。

课外活动

去枫桥“五古”景区游览，分别拍摄“五古”的代表景点照片，回家后，尝试画一画枫桥“五古”。

社会实践课　游寒山寺

苏博士去哪儿

小时候，爸爸、妈妈曾带我去过寒山寺，记得在那里看到一块照壁，上面写着“塔影、钟声、诗韵”，学完了这个单元的内容，我明白了，这六个字，可以说把寒山寺的神韵全部囊括了。

文文说得真棒！今天，苏博士就带大家去寒山寺，观塔、听钟、读诗吧！

太好了！我最近在学习书法，正想去碑亭里观赏大师的作品呢。

说得我都迫不及待了，赶紧出发吧！

微旅游路线推荐

同学们，你们也可以设计属于自己的寒山寺微旅游路线，出发吧！

寒山寺深度人文体验游路线

“塔影、钟声、诗韵”照壁——山门夕照——天王殿——寒拾遗踪——罗汉堂——大雄宝殿——钟楼——寒拾殿（藏经楼）——古碑长廊——普明宝塔——和合福道——塔影伴楼——大钟苑——“中华第一诗碑”

枫桥景区游览路线

江村桥——吴门古韵大戏台——漕运展示馆——渔隐村——听钟桥——枫桥夜泊处（张继雕像）——愁眠轩——水月亭——枫桥北街（苏艺名人坊）——枫桥——铁铃关

完成微记录

选择一种完成

1. 举办“《枫桥夜泊》书法展”：

（1）拍摄寒山寺中《枫桥夜泊》碑刻照片；

（2）临写其中一幅你最喜欢的作品；

（3）再自由发挥，写一篇《枫桥夜泊》书法作品；

（4）组织小伙伴举办一场书法展，展示你们的作品。

2. 制作“枫桥‘五古’”宣传手册：

（1）手绘“枫桥‘五古’”游览地图；

（2）为“五古”分别加上一段简介文字；

（3）为你的宣传手册设计一个独特的LOGO，与你的好朋友分享制作成果。

北寺塔关键词

★“未进苏州城，先见北寺塔”

★ 孙权报母恩

★ 楠木观音殿、张士诚记功碑

★“吃得落乱砖头，吐得出北寺塔”

“北寺塔上苹果树——看得见，吃勿着”

第三单元

北寺塔

1 吴中第一古刹——北寺塔

苏博士导读

同学们，我有个问题考考大家，你们知道苏州最高的建筑是哪座吗？

是东方之门？

东方之门曾经是最高的，不过，后来被离它不远的苏州国际金融中心超越了，高达450米的苏州国际金融中心，与南京紫峰大厦并列为全省第一高楼。

文文懂得真多！那么我再考考大家，你们知道苏州古城里，最高的建筑是哪座吗？

是北寺塔！

苏博士课堂

北寺塔在报恩寺内，是苏州名胜古迹中的一颗璀璨明珠。

报恩寺是苏州最古老的一座佛寺，距今已有一千七百余年历史，号称“吴中第一古刹”，相传是孙权为报母恩而建造的。寺内有塔，就是报恩寺塔，因寺位于古城北部，俗称北寺塔。

北寺塔高76米，比“世界最高木塔”释迦塔还高出了近9米，因此前人有个说法，“未进苏州城，先见北寺塔”。它与虎丘塔都是苏州的象征。

这座九层高塔，一共有八面，八角飞檐下各挂了一个铃铛，“丁零丁零”的声音随风入耳，煞是好听。

在进门入口处的北塔胜迹牌坊正面，有“知恩报恩”四个大字。厚重的牌坊承载着历史的沧桑和孝子孙权对母亲的感恩之情。

站在塔前，可以看见塔门两侧的对联：“不负胜地有奇景，且邀明月登九层。”塔的底层供奉着七尊佛像——塔有八面，除第八面是塔门外，其余每一面，都有一尊佛像，每一尊佛像的神态都各不相同。

北寺塔始建于三国时期，最原始的建筑，早已在战火中毁去。到了南朝，僧人正慧重建北寺塔，并且增高至十一层，但重建后的北寺塔，很快又在战争中被焚毁。北宋时，北寺塔重建为九层。据记载，建成之后，许多文人士大夫都捐赠了高僧的舍利子，以表自己的虔诚之心，诗人苏轼也赠送了铜龟，用来装人们捐赠的舍利子。

南宋建炎四年（1130），金兵南侵，塔和寺一同毁于铁骑之下，多年之后才得以重建。至明清，又几经修葺。现在的北寺塔，仍为南宋重建时的格局，为九级八面砖木结构楼阁式，六层以下砖砌塔体为宋代遗物，七层以上可能于明代重修，各层之间木构外檐和平座栏杆则为清末所建。

经过了千年战火考验的北寺塔，高高地矗立于古朴典雅的姑苏古城内，好似一位沧桑老者，看着一代又一代的游人，在这里留下点点滴滴的痕迹，见证了苏州一千七百多年的荣辱兴衰。

拓展问答

报恩寺是苏州最古老的佛寺吗？

是的。三国赤乌年间，孙权为感念母恩，在吴夫人的故居建造了报恩寺，以示知恩报恩，最初名为“通玄寺”。我们在《平江图》碑上也能看到报恩寺和北寺塔哦，当时，报恩寺是规模仅次于平江府衙的建筑群体。

北寺塔一直是苏州古城区最高的建筑吗?

是的，这里还有一个传说。古时，因太湖水连年泛滥，苏州水灾不断，一位有道高僧四方化缘，筹资建起了这座塔，用以“镇压”水患。说来也怪，自塔建起，苏州竟再也没有发生过水灾，从此，苏州人对这座塔敬若神明，视之为镇城之宝。因此，后世建筑高度都没有超过报恩寺塔，古城苏州的风采，由此得以很好地保存下来。

而到了现代，苏州的区域范围越来越大，建筑物也越来越高。但在古城内，北寺塔却依然是最高的，这是因为，苏州一直在严格控制古城区内建筑的层高。按照苏州历史文化名城保护规划，苏州古城区干将路、人民路两侧50米范围内，新建建筑最高不能超过24米，大概也就是北寺塔的三层那么高。

课外活动

去北寺塔参观，用手中的画笔将你眼中的美景画出来。

2 走进北寺塔

苏博士导读

苏博士，昨天爸爸、妈妈带我去北寺塔参观了。听爸爸说，以前是可以登上塔顶的。站在塔上凭栏远眺，一座姑苏古城尽收眼底，好像在欣赏一幅现代版的《姑苏繁华图》，很震撼的。可惜，现在为了保护古塔已经不允许登上去了。

是的，北寺塔是全国重点文物保护单位，需要好好地保护起来。文文再和大家说说，你还去哪里参观了？

我们还参观了楠木观音殿，殿里有很多彩绘图，十分壮观。还看到了张士诚记功碑。

真棒！那今天我们就来好好了解一下它们背后的故事。

苏博士课堂

楠木观音殿

北寺塔景区内著名的古迹，除了宝塔本身之外，还有不染尘观音殿，俗称楠木观音殿。楠木观音殿始建于南宋绍兴年间，现存的殿宇是明万历年间重建的，是苏州现存最完整的明代建筑之一。

楠木观音殿外有一副楹联："净域宏开登福地，慈航普度出迷津。"横批是"一尘不染"。观音殿是重檐歇山顶，四周的檐柱是抹角石柱，内柱采用整根楠木制成，气势十分雄伟。枋柱间的十多幅彩绘，画工精细、风格独特、连绵成片，是古代佛教绘画中的精品杰作。

殿内的观音像高数丈，十分壮观，但是，其重量与其他佛像相比却是较轻的，因为制造这座观音像时，用的是脱沙法——工匠们将布袋缝成人形，在里面灌满沙子，而后在布袋之外塑像。塑完之后，将沙子取出，便是一座中空的、便于搬运的塑像了。

张士诚记功碑

观音殿西北侧，邻近佛塔的一个亭子内，有元末的石雕"张士诚记功碑"，弥足珍贵。记功碑是一块图碑，深浮雕，高3.06米，宽1.46米，厚0.4米，全碑共有人物118人，表现张士诚接待元朝使臣的场面。从上到下，全碑可以分为四个部分。

第一部分，有12人立于祥云之上，个

个器宇轩昂。第二部分雕了一座大殿，是重檐歇山顶的样式，殿上军旗四立，煞是威风。大殿分了三间，正中坐着三人，最中间的自然是张士诚，左右两边应是他的侍从。侧间左右各两人，都穿了胡服，应是元朝来的使臣。第三部分也是一座宫殿，只是制式比第二部分简单许多，左右各坐了三人，都穿了胡服。正中是一条通往正殿的道路，两名胡服侍者正在进宝。第四部分是众武士牵马持旌的场景。

相传，这块石碑，是元末江南富豪沈万三为歌颂张士诚的功绩而置。碑上原本还有歌功颂德的文字，可惜后来张士诚败给了朱元璋，颂扬的文字被抹去，只剩下了宴请时的画面。

拓展问答

弥勒佛背后的雕像有什么来历吗？

这是佛教中的韦陀菩萨。我们可以看到，他右手扶着降魔杵，杵尖着地——这个造型是有一定含义的。古时，和尚云游四海，经常要投宿到当地寺庙。寺庙中通常能看到三种造型的韦陀菩萨像，表示不同的含义：若是韦陀将降魔杵扛于肩上，那么表明这座寺庙是个大寺庙，欢迎五湖四海的朋友在此住宿；若是平端在手中，则表示寺庙可以投宿，但只能短期；若是立于地上，表明这只是个小寺庙，不便留宿。云游的僧人们入寺后，只用看一眼降魔杵的位置，便知自己能否在此落脚休息了。

沈万三为什么会给张士诚立碑呢？

相传，张士诚当年据守苏城，和朱元璋分庭抗礼时，沈万三以为张士诚能打胜仗，于是立了这么一座歌功颂德碑，来讨好张士诚。但是后来，朱元璋把张士诚打败了。朱元璋胜利后，质问沈万三，为何给张士诚立碑，沈万三情急之下忙说，他立这块碑是为了让百姓们拜的，“拜碑”便是“败北”，最后张士诚就失败了。朱元璋虽知这是沈万三急中生智胡诌的，但听来很是受用，便不再与沈万三计较此事了。

课外活动

北寺塔观音殿南面的长廊上，有目前国内最大的巨型漆雕《姑苏繁华图》，令人震撼。请你仔细观摩这件作品，想一想，如果给你一支笔，你要如何描绘自己心目中的苏州呢？

3 知恩报恩

苏博士导读

“知恩报恩”是中华民族的传统美德，也是报恩寺塔的建塔初衷。千年来，孙权报母恩的故事一直被人们传为美谈，今天，苏博士就为大家讲一讲孙权和母亲吴夫人的故事。

苏博士课堂

汉朝末年，各路英雄豪杰拥兵自重，各谋基业。初平二年（191），孙坚奉袁术之命，攻打刘表，不幸中箭身亡。

孙坚战死的时候，他的长子孙策只有17岁，次子孙权只有10岁。失去父亲庇佑的孩子们，全靠他们的母亲吴夫人抚养。幸好孙策争气，一路报仇立业，竟不减父亲孙坚当年之勇。

不过，孙策毕竟年轻气盛，过多的捷报冲昏了他的头脑。当时，他有个功曹叫魏腾，为人刚正不阿，做事很有自己的主见，从不唯命是从。有一次，他办事时拂了孙策的意，孙策勃然大怒，想杀他而后快。吴夫人知道后，苦心劝诫孙策礼贤下士，若为了小事滥杀忠臣，日后如何服众？孙策却不以为然。见他怒气还未完全消退，吴夫人走到一口大井旁，严厉地说：“如果你非杀魏腾不可，我就从这里跳下去，免得日后看见你众叛亲离，数年的努力毁于一旦！”孙策大惊失色，当然不会任由母亲投井自尽，只能放了魏腾。

凭借自己的聪明才智和母亲等人尽心尽力的辅佐，孙策终于平定了江东。吴夫人本以为自

己可以就此颐养天年，然而没多久，孙策竟遇刺身亡，当时的孙权只有19岁。

孙权年少继位侯爵，母亲吴夫人无奈，只得参与决策，辅助他治理军国要务。

建安七年（202），曹操击破袁绍，正是全盛时期。志得意满的他写信给孙权，让他把自己的儿子送来做人质。孙权召集群臣，商议这件事，群臣忌惮曹操威名，都犹豫不决。孙权一时也难以定夺，便与周瑜一道去见吴夫人，求母亲出主意。

周瑜向二人陈述利害，坚持不能送去人质。吴夫人听后，十分赞同，孙权这才没把儿子送往曹操处。当时，吴夫人已看出周瑜胸有大略，能成大事，便吩咐孙权，把周瑜当作兄长看待。

没有吴夫人，也就没有“小霸王”孙策，更没有建立吴国的孙权。因此，在赤乌年间，孙权为感念母恩，在吴夫人的故居建造了报恩寺，以示知恩报恩。虽然当时吴夫人去世已久，但她多年含辛茹苦的抚育、辅佐之恩，一直浸润在孙权的心里。

拓展问答

听说，孙权建造北寺塔还跟诸葛亮有关？

传说，孙权为了建造这座报恩寺塔，特地邀请诸葛亮帮忙设计。没想到诸葛亮有心使诈，说要建九层高塔，还要在塔顶立一个塔刹。塔刹就是青铜铸成的葫芦，放在塔顶上能镇牢塔身。

诸葛亮以“五湖四海”的说法，要求铜葫芦必须重达五千四百斤。他本是想为难孙权，未料孙权请来了铸剑大师欧春子。欧春子召集的工匠，在相门外扎了座大营，沿河居住。后来那地方就叫“冶匠浜”。工匠们日日操作，历尽千辛万苦，终于将五千四百斤的铜葫芦浇铸了出来。

五千四百斤重的铜葫芦，最后是怎样安装到北寺塔顶的呢？

据说，欧春子选了一个滴水成冰的日子，叫手下众人挑水泼路，一直泼到塔顶上。然后，在铜葫芦上缚住绳索，安装了绞车才把它拉上去的。古代劳动人民的智慧，是多么值得敬佩啊！

宝塔建成后，孙权非常高兴。马上修书一封，差人向诸葛亮报讯。诸葛亮从这件事判断，东吴有许多能人，从此，再也不敢小看东吴了。

当然，这个方法只是后人美好的想象，实际上，这个塔刹究竟如何安装上去的，至今还是一个谜。

课外活动

请你说说孙权与北寺塔之间的故事。

4 北寺塔吴语

苏博士导读

说到北寺塔，我想到了我们在《姑苏经典》里学过的“商量北寺塔”的故事。到底“是塔”“不是塔”，真的很有趣。讲给我外地的朋友听，他都想学苏州话了。

那么，今天就再给大家讲两个关于北寺塔的俗语。

苏博士课堂

吃得落乱砖头，吐得出北寺塔

在苏州，假如你受了委屈，有些灰心丧气时，你的朋友可能会安慰你说：“吃得落乱砖头，吐得出北寺塔。”你能猜出这句话的意思吗？

“吃得落”就是“吃得下”的意思。“吃得下乱砖头”，形容一个人肚量大，受得了各种委屈。“吐得出北寺塔”，比喻委屈不会白受，总有一天，它们会像平凡的砖块堆砌出宏伟的北寺塔一样，积累成一笔巨大的人生财富。所以，这句苏州闲话的意思类似于“宰相肚里能撑船”，指能成大事的人，不会计较眼前的委屈、得失。

不过，“宰相肚里能撑船”一般是由别人说的，不能用来形容自己，比如，有个人说自己“宰相肚里能撑船”，这就有点“不知好歹”啦。而“吃得落乱砖头，吐得出北寺塔”却可以用来自许、自勉。比如：“我几年来吃的亏、受的累还少吗？但我吃得落乱砖头，吐得出

北寺塔，我还会坚持下去，绝不会甩手不做，更不会怪谁怨谁的。”

当然，此话也可以用来劝勉或者奉承别人。因为北寺塔毕竟是“成功”的眩目标志，所以这话又有几分激励意味。如：“不要灰心，不要丧气，生活不可能一帆风顺，但只要坚持下去，必会成功。老话说，吃得落乱砖头，吐得出北寺塔。”在这个语境里，还包含了“积小成而立大功”的意思。

北寺塔上苹果树——看得见，吃勿着

约在清末民初，北寺塔顶上长有一棵小树，传为苹果树。北寺塔巍峨高耸，远远望去，是看不清是否结有苹果的；就是结了苹果，也难以采摘，只能“望果兴叹”。所以，民间慢慢就有了句俗语：“北寺塔上苹果树——看得见，吃勿着。”

这句俗语很容易理解，日常生活中，也经常能用到。如某种高级食品，价格昂贵，店家放在玻璃柜中展出，看的人很多，大部分人却无力购买。回来讲给家人听了，家人就说：“这真是北寺塔上苹果树——看得见，吃勿着。”后来，这句俗语又引申开来，无论何种物品，凡看得见而无法得到的，都可用这句俗语来形容。

拓展问答

北寺塔的俗语故事真有意思！还有吗，苏博士再给我们讲讲吧！

其实关于“商量北寺塔”的由来，除了我们学过的“是塔”“不是塔”的幽默故事，还有一个跟建塔有关的传说。

建造北寺塔时，由于苏州地区土质疏松，塔又建得很高，技术攻关上是十分困难的。能工巧匠们聚集在一起，商量了好多天，都没有办法。有人问他们："商量了这么多天，有结果了吗？"工匠们只能无奈地摇摇头。后来，塔终于建成，人们再问起北寺塔的建造过程时，工匠们想起了当初的调侃，"商量北寺塔"这个俗语，也就一传十，十传百地传开了。

后来，人们在一件事情上，讨论来讨论去时，就会用到"商量北寺塔"。例如："你看，又在商量北寺塔。算了吧，商量来，商量去，什么时候结束啊？"

课外活动

你还知道苏州方言中，哪些与地名有关的俗语？查阅资料，尝试做一个"地名与方言"专辑，与你的朋友们交流分享各自的作品。

双塔关键词

★ 双塔、定慧寺

★ 钟楼双塔秀文华，科第年年艳榜花。——［清］袁学澜（lán）

★ 苏东坡

★ 双塔贡院；科举考试

★ 吴作人、程小青

第四单元

双塔

1 走进双塔

苏博士导读

同学们，在苏州众多的塔里，有一对塔被称为“冲天之笔”，你们知道是哪一对塔吗？

苏博士，您说是“一对”？我来想想……肯定是双塔！

我也觉得是双塔。双塔就像直插云霄的两支笔，我还听爸爸讲过，双塔因此被人们看作是苏州学风兴盛的象征。

你们都答对了。那今天，苏博士就带大家来认识认识这两支神奇的“笔”！

苏博士课堂

双塔位于凤凰街定慧寺巷。唐代，这里有一座寺庙，名叫般若院（后改名罗汉院），北宋的时候，王文罕兄弟在寺院的基础上，增建了两座砖塔。这砖塔一建，罗汉院的名字就被叫得少了，老百姓都把这里叫作“双塔寺”，双塔的名字也就这样传了下来。

双塔是一对佛塔，高约34米，两塔间相距不到20米，“外貌”几乎完全一样。两座塔，一东一西，比肩而立，都是七层八角，都是楼阁式仿木结构砖塔。

两座塔形式、结构、体量都相同，并紧紧靠在一起，这在中国楼阁式古塔中，是绝无仅有的，因为，在这么近的距离内，修建两座塔，对地基的要求相当高。风雨千年，但双塔依旧挺立，这引起了中外建筑学家的高度关注，每年都有很多学者慕名而来，有的建筑学教授，甚至将自己的学生带到这里来，进行实地教学。

当然，建筑学家所关注的，不仅仅只有这些，他们的眼光，还落在了塔冠顶的塔刹上，那是我们这两支“笔”的“笔尖”。

据了解，这两个塔刹都是用生铁铸成的，每个足有5吨重，高约8.7米，约占塔高的1/4。当时的人是如何把这巨物“搬”上去的呢？有的建筑学家猜测：古人是先用土将塔围起来，然后，沿着土坡，将沉重的塔刹“牵”上去。但问题是，当时寺庙已经存在，那么大的土坡又是如何堆成的呢？又有人推测：古人是架起石梯后，再登上塔顶的。但推演一

番后发现，这种操作方式的难度同样也不小。所以，双塔的塔刹究竟是如何被运到20多米的高处，并装上去的，至今还是一个谜。

拓展问答

现在我们见到的双塔，就是北宋时建造的吗？

这是可以肯定的，当然中间经历了多次修缮。说起来，双塔从建成的那一天起，就一直多灾多难。清朝末年，由于战火不断，寺院厄运难逃，几乎毁于一旦，只剩下双塔及正殿遗迹。这样一对不多见的宝塔，如果任其坍废，实在是太可惜了。1954年秋天，因东塔塔刹倾斜、葫芦跌落，相轮摇摇欲坠，险情迭出，苏州市人民政府及时组织抢修，并清理正殿遗迹。这对千年前的宝塔才转危为安。真不容易啊！

听说双塔这两支“笔”还有“笔搁”？

说起双塔的“笔搁”，民间都说是当年罗汉院的大殿——傍晚，双塔的倒影落在罗汉院的大殿上时，就像笔搁在了笔搁上，而一旁的钟楼（也就是现在苏州大学里的方塔），就像是一锭墨。可惜的是，罗汉院因为沧桑巨变，已难寻踪迹了。清末，有一位叫袁学澜的诗人，为双塔写过一首诗：“钟楼双塔秀文华，科第年年艳榜花。日暖春城红杏发，行人指点状头家。”而袁学澜的宅子也以“双塔”命名，叫作“双塔影园”。这个地方，就在双塔边的官太尉桥附近！

课外活动

学做小导游，给外地来的朋友介绍一下双塔吧！

2 定慧寺变迁

苏博士导读

同学们，听完了双塔的故事，今天，我们到它旁边的定慧寺里去看一看。

爸爸曾带我去过定慧寺，里面还有大诗人苏东坡的雕像。

听说苏东坡不仅诗写得好，还精通佛理，跟很多禅师都有往来。

定慧寺旁边还有一条小巷，叫苏公弄，是不是也跟苏东坡有关系呢？

你们都是爱思考的孩子！让我们赶紧出发，带着问题去追寻，去探索吧！

苏博士课堂

定慧寺巷的一端接凤凰街，巷口有一座大牌坊。往里面走几步，就能看到定慧寺了。

定慧寺是一座千年古刹，始建于唐朝，本来是罗汉院的一部分，到了宋代，得到赐额“定慧禅寺”，罗汉院（当时叫寿宁万岁禅院）于是一分为二，定慧寺成为单独的一寺，另外一个，就是我们上一课提到的双塔寺。

定慧寺沿着历史的足迹一路走来，可谓步履蹒跚，多灾多难。到中华人民共和国成立的时候，这座千年古寺的大部分建筑，都已破败不堪。通过多年修复，寺院才有我们现在看到的样子。现在的山门、天王殿、大殿，都是清代建筑。

定慧寺里有两株古银杏，苏州人称白果树，有两百多岁了。秋天的时候，金黄的树叶能飘到一旁的小弄里。定慧寺里曾经还有四块碑，其中一块镌刻了苏东坡的全身像。苏东坡与定慧寺，颇有一段渊源往事。

有一年，苏东坡被政敌诬陷，称他的诗文里有许多不满朝政的话，因此被贬到黄州，这就是历史上有名的“乌台诗案”。初到黄州，苏东坡借住当地定惠（“惠”通“慧”）寺。他与海常禅师经常来往，关系亲密，被贬谪（zhé）的日子也不那么难过了。海常禅师特意在寺院内为其建造寓所，名为“啸轩”。

一转眼，十多年过去了，苏东坡到杭州做官，经常往来于苏杭两地。有一天，他听说苏州也有一个定慧禅寺，顿时想起了当年在黄州住过的地方，趁着有空，他只身来到苏州定慧寺，拜谒寺中的颙（yóng）禅师。

颙禅师听苏东坡说了黄州之事后，觉得这倒是一种缘分，便在苏州定慧禅院也为他修造了一处居所，名字仍然叫作“啸轩”。此后，苏东坡和定慧禅院里的和尚们吟诗谈禅，结下深厚的情谊。多年后，苏东坡再次被贬谪，定慧寺的僧人还去看他了呢。而这些逸事，都被苏东坡写进了自己的诗里。因为苏东坡，后来又有许多名人在定慧寺里留下了足迹，定慧寺值得一说的东西就更多了。

拓展问答

对苏东坡在定慧寺的这段往事，人们是怎样表达纪念的呢？

比如刻碑、刻诗集、修祠堂等，都可以表示人们对某人的特殊的纪念。定慧寺旁就曾经有一个苏公祠，是专门纪念苏东坡的。在林则徐任江苏巡抚期间，苏州状元石韫（yùn）玉等人提议，重建毁于战火的苏公祠。这个建议一提出来，马上得到了很多人的响应。在战火中被毁坏的建筑，很快又重新出现在人们面前。从此，老百姓又有一个地方，来缅怀和纪念苏东坡这位大文豪了。遗憾的是，历经一个多世纪的风雨飘摇，苏公祠最终已是难觅踪影，但建造苏公祠时留下的路，我们只要到了定慧寺就能找到了，那就是定慧寺旁幽静的小巷苏公弄。秋天的时候，定慧寺里，两株大银杏的树叶还会悄悄地飘过来，落进巷子里呢。

课外活动

当你漫步苏公弄，走进定慧寺，便可深深感触到，姑苏历史脉搏的跳动；品味定慧寺，方可知，苏州不愧是一座历史文化的名城。拿起手中的笔，将你的参观感受写下来吧。

3 双塔贡院

苏博士导读

当你行走在双塔街道，穿行于定慧寺巷，想到这里曾经是贡院，你就能感受到这份浓厚的文化底蕴，也许还能听见当年隐隐的读书声。

苏博士，您别卖关子了，快告诉我们今天的游览主题吧！

今天的游览地是不能走进去看的。因为我要带你们"看"的双塔贡院，其实已经没有建筑实物了。大家不要用眼睛看，听我的讲解，我们要来一场穿越之旅……

苏博士课堂

在定慧寺与双塔之间，曾经还有一座贡院。贡院又称试院，是各县学子参加县试、府试、院试，以博得秀才头衔的考场。这个考场，现在我们当然找不到了，但是有一张1920年拍的老照片，记录了它从前的样子。从照片上可以看出，双塔就在贡院边上。当时贡院的地址，大概就是现在的吴作人艺术馆所在。

苏州贡院的考试主要为童试，考试合格后取得生员（秀才）资格。每当考试的时候，贡

摄于1920年的双塔贡院

院附近就热闹非凡，因为开考那天，天没亮就要点名，一般情况下，考生都会提前到贡院周围去租房子住，人多的时候，连大厅、门房都会住满人。这情景，和现在的中高考也差不多。

赶考的人，有些走旱路来，但更多的是走水路。有人可能会奇怪：定慧寺巷没有河，怎么走水路？其实，在旧时，定慧寺巷的确是有一条小河的，从胭脂桥下一直流到定慧寺前，前来进香或赶考的人，大多会因为水路方便而选择这个方式。

遥想当年，三更灯火，四更书声，双塔两支妙“笔”则在一侧，默默地守护着来来往往的考生们。这样的定慧寺巷，倒也别有一番风味。

后来，定慧寺巷的贡院搬迁到了胥门城内城墙边。再后来，苏州贡院搬迁到了昆山。

拓展问答

双塔贡院的考试是童试，什么是“童试”呢？

古人读书考试都不容易啊！你们都知道“状元”这个称谓，可你们知道要摘得“状元”的桂冠，需要经过多少场大大小小的考试吗？我国的科举考试从隋朝大业元年（605）开始，到清代光绪三十一年（1905）举办了最后一次科举考试。开始学习的小孩叫“蒙童”，通过了县试、府试两场考核的蒙童叫“童生”，也称“儒童”，通过院试的童生称为“生员”，俗称“秀才”。只有秀才可以参加三年一度的乡试，乡试合格者称为“举人”；举人才有资格参加会试，会试合格者称为“贡士”；贡士再参加殿试，由皇帝亲自主持。在殿试中，贡士不会落榜，只是会被重新排名次、赐进士。殿试的第三名称探花，第二名称榜眼，第一名就是状元。由此可以看出，童试是科举考试制度中最基础的三级考试，童生还没有功名，童试考过了，才能取得府、州、县学的正式入学资格，才能逐次参加更高级别的乡试、会试、殿试。

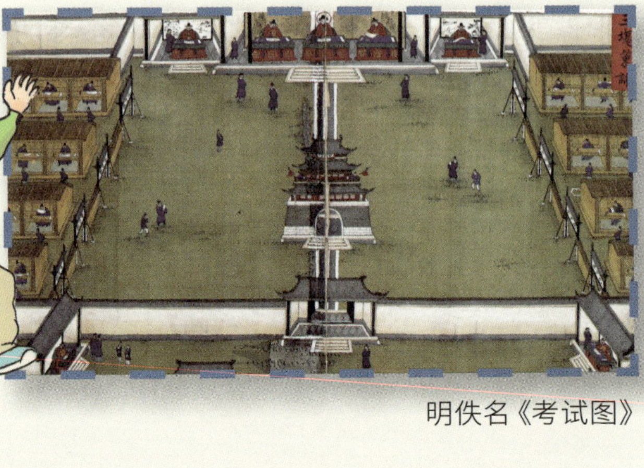

明佚名《考试图》

为什么后来苏州的贡院搬到了昆山?

这与明清时期苏州的特殊地位有关。

明初定都南京，苏州设巡抚衙门，也就是省城的地位，设立府贡院就不太合适了。于是苏州的贡院搬迁至昆山，与昆山县贡院进行了合并。

课外活动

“桃花坞年画”里有一个题材叫作“升官图”，和我们现在玩的蛇棋类似。“升官图”就表现了古代读书人从童生开始考试的曲折经历，你也可以自己做一张“升官图”，和小伙伴们一起玩玩吧!

桃花坞年画《升官图》

4 群星闪烁双塔旁

苏博士导读

我发现一件有趣的事：定慧寺巷里的书画店真多！

没错，一直以来，双塔一带人文荟萃，名士辈出，群星闪耀！

苏博士，您能给我们讲讲这些“大神”的故事吗？

那就跟我来吧，这次我们不“神游”了，出发！

苏博士课堂

上一堂课，我们说到双塔贡院的原址，大概在当今吴作人艺术馆的位置。既然来到了这里，我们先来了解一下吴作人吧。

吴作人先生是中国当代美术史上承前启后的美术家。他祖籍安徽，父亲在清末时定居苏州，所以吴作人是在苏州出生的，并且在苏州居住了很多年。吴作人先生对苏州一直有着深厚的感情。1989年，先生表示，愿将自己的艺术作品无偿捐赠给苏州，作长期陈列展览，为表感谢，苏州市人民政府就建造了这座吴作人艺术馆。现在，这座艺术馆里藏有一百多件先生及其夫人萧淑芳女士，以及吴氏家人的绘画、书法作品。

出了定慧寺巷，我们现在来到的巷子是叶家弄。据说，宋代词人叶梦得曾经在这里居住，这里就以“叶家弄”为名了。叶家是书香世家，叶梦得的母亲是晁（cháo）补之（“苏门四学士”之一）的妹妹。叶梦得不仅词写得好，还酷爱读书、藏书，做学问也很厉害，给我们留下了很多作品。

从叶家弄走上寿星桥，每一眼看到的，都是一幅美丽的江南水乡图。小桥小船，杨柳轻拂水……这柳荫深处，还藏着一位大名鼎鼎的文学家。

我们跨过寿星桥，这边的小路叫望星桥北堍，我们要找的文学家，就曾住在望星桥北堍158号。他的名字叫程小青，是中国现代侦探小说第一人，被称为“东方的柯南·道尔”。

程小青本来是上海人，1916年，受苏州景海女子师范学校之请才迁居苏州。他最著名的作品，当属“霍桑探案”系列，在这一系列的小说中，他创造了一个“中国的福尔摩斯”——私人侦探霍桑。那时候，人们也非常喜爱侦探推理小说，霍桑侦探的名气，让程小青也获得了“侦探”的光环。苏州城中百姓，经常因为各种问题求助于他。程小青也真的用他的推理方法，帮百姓破过案——当然，只是很小很小的案子啦！

拓展问答

吴作人先生在艺术上有哪些独到之处？

吴作人和徐悲鸿一样，中西并举，在国画与油画两个领域里探寻创造，力图在自己的艺术中，既保持中国传统文人画所体现出的基本特质——强烈的艺术个性、诗化的意象、飘逸潇洒的笔墨技巧与情趣，又融合西方写实绘画艺术，强调生活源泉和对形体、色彩的敏锐感受。因此，他的画作反映了现代意识，具有民族色彩，又有清晰的个性特征。无论是油画还是中国画，吴作人都有突出的成就，这就是一位大师的风采。

吴作人油画《青年》

双塔边的小河两岸景色真美，这条小河叫什么名字？这些桥都是古桥吗？

我知道你说的是定慧寺巷东边的小河。这条小河的名字叫官太尉河，虽然不宽，却是沟通古城葑门和平江河的必经水道，是平江河的源头。小河上还有好几座古桥，其中官太尉桥、寿星桥、吴王桥都是古桥，虽然经过修缮，但那些石头可都有上千年的历史啦。

课外活动

吴作人艺术馆全年免费向社会开放，并不定期举办相关艺术展览活动，为市民提供优质的公共文化服务，同学们可以约上好朋友一起去参观哦！

文庙关键词

★ 范仲淹；苏州府学

★ 金圣叹；“哭庙案”

★ 棂（líng）星门、大成殿、明伦堂、廉石

★ 苏州碑刻博物馆

★“四大宋碑”：《平江图》《天文图》《地理图》《帝王绍运图》

第五单元

文庙

1 源远流长的千年文脉

苏博士导读

苏州向来有“崇文重教”的传统。同学们，你知道苏州的儒学圣地在哪儿吗？

是不是文庙？我在那里的德善学院上过《论语》课。

我也在文庙上过国学课。文庙很有古代书院的氛围，曾是古人的学校呢。

文庙里还有一座大大的孔子像，儒学圣地一定就是这里了。

答对了，你们真棒！今天，我们就一起去文庙，感受一下传统文化的魅力吧！

苏博士课堂

文庙，其实指的就是孔庙，里面祭祀的自然就是孔子——这可是全中国读书人的祖师。

翻开史册，我们会发现，苏州崇文重教的文化传统，可谓源远流长。从孔子唯一的南方学生言偃（言子），在江南首开东南兴学之风后，历代都有贤士、大儒以及文人引领办学。

唐朝宝应年间，苏州节镇李栖筠创建了“学庐”。“学庐”虽简陋，却是吴地最早的官办地方学府之一，距今已有一千两百多年的历史了。

北宋景祐二年（1035），名臣范仲淹在如今文庙的地址上创建了府学，吴地真正兴起了教育之风，影响力遍及全国。

历史上，苏州文庙规模很大，一度有“东南学宫之首”“江南诸学

之冠”之誉。文庙几经修缮，现存的重要建筑有棂星门、戟门、大成殿、崇圣祠、明伦堂等。除了这些珍贵的建筑遗迹，吸引人们目光的，还有数十棵参天耸立的古银杏、深藏着千年古韵的廉石、文天祥石刻等，昭示着这座庄严庙堂的深厚文化底蕴。

从宋代到清代，苏州文庙府学布局日臻完善，形成了以大成殿和明伦堂为标志的两大建筑群体：一边是以大成殿为中心的孔庙建筑群，一边是以明伦堂为中心的府学建筑群。这种庙与府学近邻的景象，不是范仲淹的发明，却是由于他的实践倡导而得以普及的。正是由于这一壮举，才有了“天下之有学自吴郡始”的说法。

在文庙，我们不能与这些圣贤错过：留下千古名言“人生自古谁无死，留取丹心照汗青”的文天祥，一代奇才怪杰、天才评论家金圣叹，深受苏州人爱戴、被尊为“况青天”的况钟，还有黄裳、林则徐、冯桂芬……这些先贤们，在人世间留下的一点一滴，都值得人们永恒的怀念。

拓展问答

范仲淹为何决定在这里创办府学呢？

这里有一个感人的故事：景祐元年（1034），范仲淹调任苏州知州，在苏州南园买得一块“风水宝地”。有人向范仲淹贺喜道：“这是块宝地，今后您家中一定会频出贵人的。”范仲淹听了，笑道：“我独占宝地，倒不如让出来建学校，使士人都在这里接受教育，这样才是频出贵人啊！”不久，范仲淹就让出这块宝地，建起了府学。

听说，文庙里曾发生过著名的“哭庙案”，金圣叹就死于这个案件，苏博士能给我们介绍一下吗？

金圣叹是明末清初著名的文学家、文学批评家。他的主要成就在于文学批评，对《水浒传》《西厢记》《左传》等书，及杜甫诸家唐诗都有评点。他的点评个性分明，趣味盎然，而且准确清晰，时有妙语，被誉为“天才评论家”。金圣叹提高了通俗文学的地位，使小说戏曲与传统经传诗歌并驾齐驱，因此，他被视为中国白话文运动的先驱，在中国文学史上占有重要地位。

顺治十八年（1661），吴县新任县令任维初为追收欠税，鞭打百姓，亏空常平仓的漕粮，苏州士人愤然而起。三月初，金圣叹与上百位士人聚集文庙，哭诉县令暴政。清政府逮捕了金圣叹等七名士人，在江宁会审，严刑拷问，后以叛逆罪判处斩首，于七月十三日行刑，是为“哭庙案”。

课外活动

文庙里有哪些先贤留下了痕迹？参观后制作人物简介卡，与好朋友分享他们的事迹。

2 纪念孔子

苏博士导读

南京的夫子庙也是祭祀孔子的。苏博士，全国各地是不是有很多文庙呢？

是的。在古代，“祭孔大典”一度成为最高级别的“大祀”。历代封建帝王甚至将修庙祭孔作为国家大事来办。到了明清时期，几乎每一州、府、县治所在地都建有孔庙。

这么厉害！那我们赶紧去文庙里参观吧！

苏博士课堂

目前，国内保存较好的孔庙有300余座，列为国家重点文物保护单位的有21座，其中就包括苏州文庙。

孔子圣像

苏州文庙前现建有文庙广场。从广场沿拱桥跨过一汪池水，就到了文庙。

踏进文庙，我们先看到的是棂星门。棂星又称文曲星、文镇星，主管文运，古代人们总是喜欢把出众的读书人称为文曲星下凡。对于一个读书人来说，拜祭棂星门，也是必修课。“欲祭天者，先祭棂星。”棂星门一般只能建在封建帝王的陵寝里，传说，它是按神话中的天门设计建造的。因孔子被尊为圣人，与皇帝并列，所以，也享受了这一殊荣。

穿过棂星门，就来到了大成殿前。首先映入眼帘的是一座孔子圣像雕塑，孔子双手微抱，似乎在欢迎前来祭拜的人们。铜像四周是四棵高大古朴的银杏树：两树一体的“连理杏”，枝丫交错、三口之家的“三元杏”，枝干粗壮、枝叶茂密的“福杏”，它们均植于明代，距今六百多年了；还有一棵“寿杏”树已倾斜，树干中空，用木桩支撑，种于南宋，距今已有八百多年。

“大成”是后人对孔子的崇高评价，大成殿是每年春秋祭孔的正殿。在大成殿的殿堂中央陈列有孔子圣像、“杏坛讲学”、“周游列国”三幅磨漆画，祭孔用的编钟、编磬等乐器近百件。孔子圣像正上方，是清康熙皇帝御书“万世师表”，左上方悬挂嘉庆皇帝御书“圣集大成”，右上方悬挂的是光绪皇帝御书“斯文在兹”。圣像前楠木大柱上，分别挂雍正和乾隆楹联各一对。殿内三面墙壁嵌有清代所刻《论语》《大学》《中庸》《孝经》等著名石刻。

孔子已经离去两千多年了，但他创立的学说，早已深入中华民族的骨髓。不论是孔子还是文庙，早已如大成殿前的古银杏一般，扎下坚实浓密的根须，与这片土地合为一体，成为中华文明的永恒象征。

拓展问答

人们是从什么时候开始祭祀孔子的呢？

在我国古代，孔子是最受世人尊崇的思想家，在世时就被尊奉为“天纵之圣”“天之木铎”。孔子死后第二年，鲁哀公下令在曲阜阙里孔子的旧宅立庙，收藏孔子生前使用的衣冠琴书等物品，并按岁时祭祀。这间祀庙就是今天的曲阜孔庙。这是诸侯祭孔的开始。公元前195年，汉高祖刘邦途经鲁地时，亲自以猪牛羊祭祀孔子，开创了帝王祭孔的先河。

“言子传儒”雕塑

文庙广场上还有一组“言子传儒”雕塑，苏博士，能给我们介绍一下言子吗?

言偃是孔子弟子中唯一的南方人。孔子有弟子三千，其中有贤人七十二，言偃是“七十二贤”之一。他勤恳好学，深得孔子的赞赏。完成学业后，言偃到鲁国的武城当了县宰，在这里，他宣扬孔子学说，用礼乐教育士民，取得了很好的成效。后来言偃返回江南故乡，继续宣扬孔子学说，将当时北方先进的文化传播到了南方，促进了南北文化的交流。孔子曾云：“吾门有偃，吾道其南。”意思就是，我门下有了言偃，我的学说才得以在南方传播。

言偃的言传身教，对南方文化的发展以及社会风气的转变，都起到了积极的作用，因此，后世尊他为“南方夫子”。

课外活动

1. 参观文庙，拍摄其中有关孔子的景点照片，回家后手绘一幅孔子画像。

2. 和小伙伴们交流你学过的《论语》知识。

3 范仲淹与苏州府学

苏博士导读

同学们，第一课时我们讲到，苏州文庙的两大主要建筑是大成殿和明伦堂。上节课我们参观了大成殿，了解了大成殿和孔子的故事。今天，就带大家一起走进明伦堂，了解苏州读书人心目中的圣人——范仲淹的故事。

苏博士课堂

范仲淹出身贫苦，小时候的生活十分艰难。母亲开始教他读书写字时，买不起笔墨纸砚，他只能用树枝在地上练习。在醴（lǐ）泉寺读书时，为了节省食物，他曾用小米煮粥，等到第二天粥凝固后，用刀切成四块，早晚各吃两块——这就是成语“划粥断齑（jī）”的由来。艰难的生活抵挡不住范仲淹对知识的渴望，他艰苦求学，终于进士及第，最后成为北宋著名的政治家、思想家、军事家、文学家。

范仲淹还是一位热心教学育人的教育家。年少时，范仲淹曾在应天书院读书，考中进士后，他还曾回到应天书院教书。那时，他亲自讲学，督促学生的晚课，为了验证题目的难易度，他和学生一起就命题而作文……可以说，应天书院的经历，为他后来的教育实践打下了基础。

景祐二年（1035），时任苏州郡守的范仲淹，将兴学办校的想法奏请朝廷，获

准后，又毅然将自己买来建私宅的地捐出，用来办学。这就是苏州府学的开端。

范仲淹创立的府学，不仅是苏州地区最早的州府级官办学校，也是当时全国范围内第一所州府级学校，规模宏大，被誉为“东南学宫之首”，在宋代教育史乃至中国古代教育史上，都产生了深远影响。

对于教育，范仲淹有自己独到的见解。他把教育和国家的兴亡联系起来。他曾说：“国家之患，莫大于乏人。”他重视老师的选拔。府学建成后，他聘请著名学者胡瑗来当“校长”。胡瑗在这里，创立了一系列先进的书院管理制度和教学方法，取得了相当大的成功。

范仲淹还注重对学生的激励。据说，府学成立之初，学风涣散，为了改变这一情况，范仲淹把长子范纯祐送入学校。当时，范纯祐只有12岁，是学生中年纪最小的一位，却能严守纪律，端正学风，因此影响了其他学子。

苏州府学培养了一批学有专长的人才。可以说，范仲淹留给故乡的，不是金山银山，也不仅仅是庙宇楼堂，而是苏州名冠天下的科甲状元、文化名人，一代代在学术上做出成绩的士子名流。

现今的明伦堂，已经被设为范仲淹纪念馆。走进明伦堂，迎面是范仲淹的高大坐像——伟冠红袍，一副高古气象。“居庙堂之高则忧其民，处江湖之远则忧其君”，这是范仲淹一生行事的准则。处于远离权力中心的江南，范仲淹抱着忧君之心立庙建学，其光芒荣耀千古，而明伦堂两侧的苏州籍状元和鼎甲名录、作品等，就是他最好的墓志铭。

拓展问答

古代的苏州府学都教学生学什么呢？

胡瑗在任苏州府学教授期间，设立了经义和治事两类课程，依据学生的才能、兴趣、志向施教。经义班主要学习六经，全面学习儒家经义和理论；治事班又分为治民、讲武、堰水（水利）和历算等科，相当于专业技术教育，学生每人选一个主科，同时加选一个副科。这种大胆尝试，既使学生能领悟圣人经典义理，又能学到实用的本领，胜任行政、军事、水利等专门性工作。实践证明，这种教育内容和教学方法的改革，是非常有效和成功的，培养了一批学有专长的人才。

明伦堂前的这块"廉石"有什么来历?

这块花岗岩石看似普通，却承载着一段传奇的历史。它跨江过海，经历了一千七百多年的历史变迁。东汉末年，苏州人陆绩当上了郁林（今广西玉林）太守。他为官清廉，深得当地百姓称赞。卸任回归故里时，除简单行装和数箱书籍外，竟再无东西可带，以至于船太轻而难以入海航行。陆绩只好让人随意搬取一块石头，放在船舱底做"压舱石"，这才得以起航，平安渡海返回家乡。后人感念陆绩的品行，便将该石命名为"廉石"。

课外活动

自范仲淹创办苏州府学以来，苏州学风日盛，各类书院也如雨后春笋，和靖书院、鹤山书院、紫阳书院、正谊书院等遍布各地，影响深远。近年来，苏州各地又陆续恢复了一些书院，如德善书院、太湖书院等，致力于研究和弘扬中华优秀传统文化，传承千年学风。查阅资料，搜集苏州开设的各类书院，有机会可以去现场听课，感受当代书院的学风氛围。

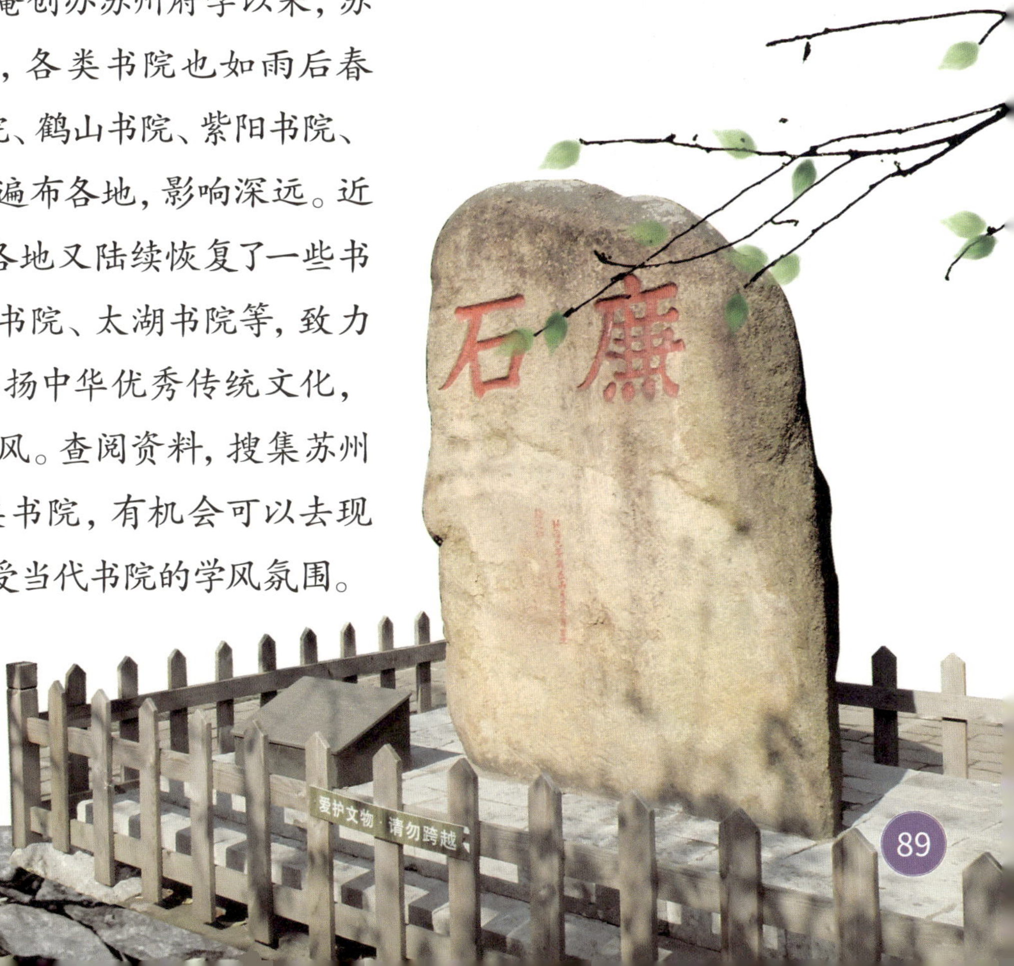

4 走进苏州碑刻博物馆

苏博士导读

一路走来，看到了好多碑刻，这里一定也有很多故事吧？

是的，文庙现在也是苏州碑刻博物馆所在地，今天，就给大家讲讲这些珍贵的文物吧！

苏博士课堂

苏州碑刻博物馆是一座集收藏、研究、陈列和复制古代碑刻等功能于一体的专业博物馆。

“四大宋碑”

碑刻博物馆里最多的，当然是历朝历代的碑刻了，其中以“四大宋碑”，即《平江图》《天文图》《地理图》《帝王绍运图》碑刻最具代表性。

《平江图》是我国现存较早的石刻城市地图。《平江图》运用中国古代传统地图画法，将古城苏州近八百年前的面貌清楚地展示在人们面前。据图可知，宋代的苏州城和现在的苏州古城格局差不多，图的中轴明显，左右对称，街道纵横井然，其中许多地名沿用至今。

《天文图》是世界上现存最古老的东方星宿观测图。石刻分上下两部分，上为星图，下为释文。星图以北极为中心，画了三个大小不等的同心圆，小圆代表北极，中圆代表赤道，大圆代表南天能看到的界限。图上与赤道相交的圆代表黄道，图中央还有两条不规则的线代表银河。从小圆到大圆之间画有28条经线，把星图分成了28个不等部分，每部分含有一宿，共二十八宿（东西南北各七宿），二十八宿内刻有1440颗星。这一星图，是根据元丰年间的观测结果绘制的。释文阐述了天体、地体、北极、南极、赤道、黄道等天文知识。

《地理图》与西安碑林的《华夷图》《禹迹图》，并列为中国三幅最古老的全国性地图。《地理图》绘制了我国海岸的轮廓，主要山川、河流、湖泊的布局以及长城和各级行政机构——路、府、州的位置。图中所绘江河、海岸的轮廓大致正确。碑下部的释文，大致记述了自夏禹至宋朝的历代版图变迁史。左下角还有一段题跋，从中可知《地理

图》与《天文图》《帝王绍运图》都是南宋黄裳所作，由王致远从四川携至苏州，摹刻上石，流传至今。

《帝王绍运图》是一幅以帝王世系为核心的历史朝代沿革表，简明而系统地记述了历代王朝的兴衰继替，分上下两部分。上部以图表形式分左、中、右三路列出帝王世系。下部释文有对古代“世道之理乱，王统之离合”的简要评述。

除此以外，博物馆里还陈列有“清代苏州工商经济碑刻”“古代书法碑刻”“古代农业经济碑刻”“现代书法碑刻”等。2018年10月，苏州碑刻博物馆被评为国家二级博物馆。

拓展问答

《平江图》告诉我们，苏州古城区的布局跟宋代时差不多，那苏州从建城以来就是现在这样的吗？

这就说到了苏州城的演变史。苏州古城是中国古代城市史上的一个经典代表。我们都知道，苏州城是春秋时期伍子胥筑造的，然而，城市的布局形态不可能一蹴而就。在初始阶段，只不过是用土城墙圈围起来的一块区域，随着时间流逝，逐渐形成了里坊制的城市格局，即按一定区域形成的，相对规整和封闭的独立居住区。

早在一千多年前的唐代，白居易在描写苏州城的诗中，便有

宋碑《平江图》上的苏州府学

“七堰八门六十坊”之句，可知，当时苏州的城市格局还是里坊制度。按照中国城市发展史，在汉唐时期，不仅苏州，连京城长安都是里坊制。直至宋代，中国城市格局和建筑形态才出现重大变化，从里坊制逐渐走向了街巷制，即“沿街设店，跨街建坊（牌坊）”，领衔者便是苏州。

南宋初期，金兵南侵，苏州城被毁，化成一片废墟。重新建城时，大大扩展了城市的商业活动空间。从建城之后镌刻的《平江图》中，我们可以清晰地看到，当时苏州城呈现的，水陆双棋盘的街巷和水巷格局。后来，这种新颖的城市布局，对元大都和明清北京城的建造，都产生过重大影响，元大都的大街胡同制度，就是苏州城街巷制的继承和发展。

课外活动

碑刻博物馆里，还珍藏着许多珍贵的碑刻文物，如况钟像赞碑、文徵明的手迹碑刻等，课后去看一看，并查阅资料，了解它们背后的故事。

社会实践课　参观文庙

苏博士去哪儿

我们在《苏州街巷》里还学过，范仲淹曾在苏州建了一座义庄，学完他创办府学的故事，我更加敬佩范仲淹了。

小美说得真棒。不过，苏州府学的成功，不仅要感谢范仲淹，他重用的一批人才也功不可没，比如教育家胡瑗。他创立的“苏湖教学法”，能根据学生的性格、气质与志趣，来确定教学计划，为国家培养了一大批栋梁之材。

我还想去碑刻博物馆里看看古代书法碑刻，爸爸曾经做过一个专题，介绍文庙里珍藏的一批过云楼藏帖碑刻，据说是很珍贵的。

没错，这批石刻都刻于清代，其中有《古本兰亭》《米芾千字文》等书法精品，是书法艺术爱好者不容错过的经典。过云楼的藏帖碑刻都是顾文彬精心挑选，请专人刻帖的。

太棒了，那我们赶紧出发吧！

微旅游路线推荐

文庙游览路线

文庙广场（“言子传儒”雕塑）——棂星门——大成殿（孔子雕像、古银杏）——明伦堂（廉石）——苏州碑刻博物馆（“四大宋碑”、古代书法碑刻）

同学们，你们也可以设计属于自己的文庙微旅游路线，出发吧！

完成微记录

选择一种完成

1. 制作“文庙明信片”：

（1）手绘文庙景点；

（2）加上一小段对景点的介绍文字；

（3）将你的手绘图制成明信片。

2. 制作“文庙名人手册”：

（1）搜集你在文庙里看到的名人故事，整理他们的生平和诗词等作品；

（2）发挥你的动手能力，制作成“文庙名人手册”；

（3）可以通过配照片、插画等方式美化你的名人手册。

石湖关键词

★ 渔庄、天镜阁、行春桥、上方山、乾隆御道

★ 杨素迁城

★“石湖居士”范成大；《四时田园杂兴》

★ 石湖串月；“重阳有雨治平寺”

第六单元

石湖

1 石湖和石湖景区

苏博士导读

上有天堂，下有苏杭。苏州有一处名胜古迹，和杭州的西湖不相上下。同学们，你们知道是哪儿吗？

那肯定也是个湖，让我想想。

是石湖吗？

回答正确！今天起，我们就要一起到石湖，去品味吴中胜景，领略湖光山色。

苏博士课堂

“杭州有西湖之美，苏州有石湖之胜。”石湖是太湖的一个内湾，在

苏州城的西南郊，距苏州城中心约5000米。石湖的水域面积约2.56平方千米，大概有360个标准足球场那么大！

虽然面积比杭州的西湖小，但石湖紧挨上方山，湖边山峦起伏，群峰映带，其景色之秀丽一点也不输西湖。湖周有茶磨屿、越来溪、荷花荡，山水辉映。明代文学家袁宏道，还曾把石湖边的上方山与虎丘相比，说虎丘如“冶女艳妆，掩映帘箔（bó）”，而上方山如“披褐道士，丰神特秀”——上方山的“丰神特秀”，自然离不开石湖的衬托。

石湖不仅风景秀美，文化积淀也特别丰厚，周围有很多历史人文景观。如春秋时期吴国的吴城遗址、勾践为攻打吴国挖的越来溪、范成大归隐居住的石湖别墅，还有行春桥、治平寺、渔庄等，每一处景点，都有着精彩的历史和传说故事。

为了更好地保护、开发石湖的自然景观和人文景观，苏州规划建成了“半湖碧玉”的石湖风景区。景区规划面积26.15平方千米，把石湖和石湖周围的景观全部包括在内，可谓依山傍水，人文荟萃，风光秀丽。

石湖景区以田园风光和吴越遗迹为主线，整个景区的精华是滨湖景区。滨湖景区相对独立，分为东石湖、西石湖和南石湖三个区域，梅圃溪堂、天镜阁、行春桥、渔庄等主要景点贯穿其中，吴堤、越堤、石堤、杨堤和范堤“五堤长虹”横卧于水面之上。

现在的石湖景区，是国家级太湖风景名胜区13个景区之一，是江南地区历史悠久、文化深厚、自然资源丰富的风景名胜地，已成为苏州城市“四角山水”西南角名副其实的“绿肺”，是我们休闲游玩的好去处。

拓展问答

石湖为什么叫“石湖”呢？

关于石湖的由来，《苏州词典》里是这样记载的，两千五百多年前的春秋末期，越王勾践派兵偷袭吴国。从上方山东侧挖河挺进，当挖到越来溪中段时，因为水域开阔，底下又全是石头（“湖底皆石”），所以这里就被称为石湖了。当然，这只是一种说法，事实上关于石湖名称的由来还有不少说法，都有待考证。

我要去“打卡”！石湖景区的主要景点还有哪些呢？

那可多啦。石湖广场、层台清晓、海棠春晓、四贤游湖、吴越潮音、桃花岛、七星伴月、渔城、野营岛、越城桥、越城遗址、荷花荡等，既凝聚了江南田园山水精华，又整合了历朝遗迹。

课外活动

同学们，带上照相机，去拍一拍石湖的美景吧！

2 不可不说的石湖历史

苏博士导读

如今的石湖，山水秀丽、风景优美，但是，它曾经也见证过战争，经历过苏州城的迁移。

这个我知道，上课的时候讲过，是在春秋时期。

迁城是怎么回事呀？

石湖就像一位历经沧桑的老人，见证过无数的人情往事。今天，苏博士就为大家讲讲石湖那些不可不说的故事！

苏博士课堂

春秋时期，越王勾践经过十年的详细筹谋，终于要率军攻打吴国了。为了便于行军，他派越兵从太湖挖渠北上，并在石湖东北筑土城屯兵逼吴。史书记载道："越自松江北开渠至横山东北入吴。"周元王三年（前473），越军趁太湖涨水，顺着开凿的水渠进入胥江，直逼姑苏城，最后灭了吴国。这条水渠，就是今天石湖边上的越来溪；这座土城，就是我们现在看到的越城遗址。

据传，吴亡后，石湖一带开始沉寂，越大夫范蠡曾带着西施来此隐居，所以这里至今仍有小镇叫蠡墅。

春秋战国，铁马铮铮。石湖不仅见证了春秋时期的战马嘶鸣，也见证了隋唐新郭的兴衰。开皇十年（590），行军总管杨素接管了苏州。那是隋朝刚开始的时期，也是战乱不断的时期。考虑到苏州城四周没有屏障，“无险可守”，杨素决定迁城。新城建在横山东面，是为新郭，也称新郭里。石湖，当时就在这个新郭的范围内。

杨素迁城，使得石湖地区快速发展，面貌大变，甚至两宋时横塘的繁荣、石湖文化和风景游览区的兴起，都可以追溯到迁城时期。只可惜，在隋朝末年纷飞的战火中，新郭迅速湮没，苏州城迁回旧址，算下来，新郭共存在约三十五年。虽然新郭存在时间不长，但吴越交战后一直荒芜的石湖地区，从此进入了苏州人的视野。

到了宋朝，石湖一带成了文人雅士交游雅聚之地，留下了不少诗作名篇，更有不少人把园宅建在石湖边。如范成大的石湖精舍和天镜阁，卢瑢的南村，莫子文家的莫舍……真山真水，配以苏式宅园的精妙，石湖变得愈加风雅。从此，越来越多背琴携茶的文人骚客、载酒行乐的普通市民来到这里。曾经汹涌的波浪缓缓平息，温山软水，氤氲出浪漫超脱的文气。

拓展问答

范成大的石湖别墅在哪里呢？

南宋末，著名田园诗人范成大归隐后，在石湖建别墅，自号石湖居士。他的石湖别墅又名石湖精舍，建有北山堂、农圃堂、天镜阁、玉雪坡、梦鱼轩、盟鸥亭等多处景观。这些景点，有些还能找到原址，有的则只能见于文字记载了。位于石湖东北渔家村的渔庄，传言就是范成大石湖别墅农圃堂（一说天镜阁）的故址。渔庄又称“觉庵”“余庄”，是近代书法家、刺绣大师沈寿的丈夫余觉于20世纪30年代建造的。别墅简朴雅致，开门见湖，其主厅“福寿堂”因慈禧太后亲笔赐书的“福寿”二字而得名。

上方山有一块石头上写着“乾隆御道”，这是真的吗，乾隆也来过石湖呀？

当然是真的。清朝中期，乾隆皇帝曾多次游览石湖。乾隆第二次南巡时，地方官员在石湖大兴土木，还准备了石湖行馆、湖心亭供乾隆游玩观赏，这个场面，被当时的画家徐扬画在了《盛世滋生图》（又名《姑苏繁华图》）上。

上方山上的乾隆御道，是专为乾隆皇帝上山而铺筑的一条山路。御道自乾隆行宫遗址起，蜿蜒至郊台，再沿岭直上上方山。由石片呈佛珠状排列筑成，每隔一段就嵌有古朴的吉祥图案，如麒麟、蝙蝠、双钱、宝瓶等。据传，当时修筑这条御道只用了三天时间。

课外活动

请你说说范成大与天镜阁之间的故事。

3 那人、那水、那山

苏博士导读

石湖居士真让人羡慕，徜徉在山水中，品味田园的闲适和乐趣。

诗人们醉心于田园，写出来的诗都是不一样的。

是的，范成大的很多诗，都写出了石湖风景之秀美、田园生活之惬意。其实，石湖的美景也为范成大的创作提供了很多灵感。同学们，你们知道吗，石湖还有一座名叫茶磨屿的山，它以独特的方式，记录着石湖居士的心情。今天，苏博士就给大家讲一讲那人、那水、那山的故事。

苏博士课堂

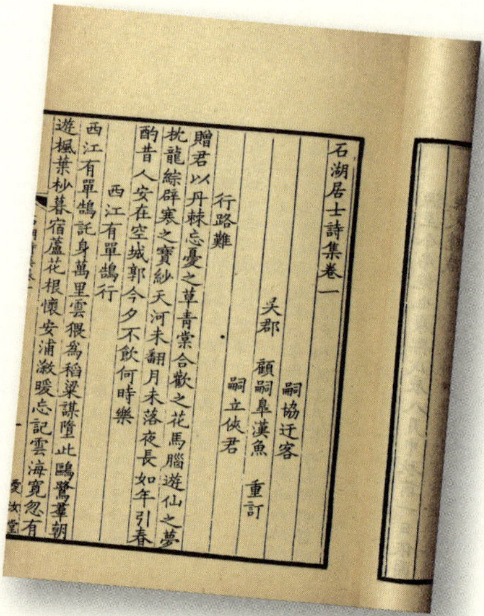
石湖居士詩集卷一
嗣協迂客
吴郡　顧嗣皐漢魚　重訂
嗣立俠君
行路難
贈君以丹棘忘憂之草青棠合歡之花馬腦遊仙之夢枕龍綃辟寒之寶紗天河未翻月未落夜長如年引春酌昔人安在空城郭今夕不飲何時樂
西江有單鵠行
西江有單鵠託身萬里雲猥爲稻粱謀墮此鷗鷺羣朝遊楓葉杪暮宿蘆花根懷安浦漵暖忘記雲海寬忽有

宋范成大《石湖居士诗集》

石湖之名盛于世，与很多文人留下的赞美诗篇密不可分。这其中，南宋政治家、著名文学家范成大尤其功不可没。

范成大一生著作很多。隐退石湖时期，是范成大著述的辉煌时期。他对石湖风光的描绘，主要收录在《石湖词》和《石湖居士诗集》中。而最为人们称道的，是他晚年所作的《四时田园杂兴》，这一首首诗作，仿若一幅幅生动鲜明的江南农村风景画，展示了宋代苏

州的风土人情，尤其是石湖地区浓郁的江南乡村风情。

这组诗，全面且深刻地描写了石湖周边农村四时的风光景物、风俗习惯，反映了农民的辛勤劳动和困苦生活。诗风纤巧婉丽，温润精雅，富有民歌风味。现代著名学者钱锺书评价这组诗“不但是最为传诵、最有影响的诗篇，也算得中国古代田园诗的集大成者”。范成大的作品，在南宋末年产生了显著的影响，到清初影响更大，当时流传着“家剑南而户石湖”（“剑南”指陆游）的说法。

当然，能写出这么精彩的诗，与范成大在石湖的生活体验是密切相关的。秀丽优美的风景、淳朴安逸的民风，启发了他创作的灵感，他的诗歌又为石湖增添了灵性，所以，人们也称他为“范石湖”。

石湖旁有绵延的山，其中一座叫茶磨屿。茶磨屿下，有明代御史卢雍建的范成大祠堂，祠堂内设有石湖书院，据说，宋孝宗题的“石湖”碑就在祠堂里。最难得的是，这里的《四时田园杂兴》六十首诗碑，刻自范成大的手迹。主导这件事的人还是卢雍。

正德十六年（1521），一本手卷从浙东流传到了苏州，经鉴定，手卷是范成大的真迹。这件事引起了苏州士人的关注，其中当然包括卢雍。卢雍把手卷买了下来，摹字刻石。巧合的是，拿到手卷后，卢雍发现手卷后竟有“卢氏家藏”四个字。那时，距离范成大去世已经三百多年了，这珍贵的手卷历经世事沉浮，竟又回到了卢氏手上，实在有趣！王鏊得知此事后，感慨地说：“这不正是冥冥之中自有天意吗？”而现在，由明代到今天，又是几百年的变故了。21世纪初修缮石湖书院时，这七方弥足珍贵的诗碑得到了妥善的保护。

拓展问答

范成大为什么自称石湖居士？

范成大晚年经常在石湖居住，宋孝宗亲笔写了“石湖”二字赐给范成大，所以，他就把号改成了石湖居士，石湖也因此而名闻天下。

范成大和陶渊明都是田园诗人？

是的，但也略有不同。陶渊明是我国古代第一位田园诗人，开创了田园诗派。他的田园诗，大多数都是辞官归隐后创作的，主要表达了诗人守志不阿的高尚情操。范成大的田园诗也是退隐后创作的，但主要反映的，是江南农村生活的质朴和简约。

课外活动

你能说说关于石湖的小故事吗？

4 有趣的石湖，有趣的习俗

苏博士导读

同学们，今天上课之前，苏博士要考考你们，前几节课的知识还记得吗？

我记得，前面我们认识了石湖，石湖是一个以吴越遗迹和田园风光著称的风景区。

是的，石湖风景秀丽，别具特色。

不错！今天，苏博士要和大家说说有关石湖的风俗。有趣、特别的奇景“石湖串月”，以及被称为苏州三大奇事之一的“游治平寺”，都是什么样的呢？其中，又有哪些悠久的历史和神秘的传说等待我们去发现呢？一起出发吧！

苏博士课堂

石湖山水怡人、景色秀丽，在明代就受到游人的喜爱。成书于明代的《石湖志》（明代莫震撰、莫旦增补）中就说：“游人至者，无日无之。”

尽管每天都有很多人游石湖，但游石湖的高潮，则是每年农历八月十八的“游石湖，看串月”。这一习俗，与石湖北边的行春桥有关。行春桥又名九环洞桥，是一座东西走向的九孔连拱长桥，桥身平缓，势若长虹，范成大曾说：“凡游吴而不至石湖，不登行春，则与未始游者无异。”

相传，每年农历八月十八前后，夜间皓月当空时，行春桥九个桥洞北侧的水面上，每个洞前都会映出一轮月影，波光粼粼，九“月”成串，蔚为壮观。所以每到这时，人们都结伴来到石湖，希望能观赏到

这一奇景。这时的石湖，笙歌彻夜不绝，游船、灯船、拳船等穿梭往来，拳船上，还会有精彩的武术杂技表演。从各地赶来的摊贩，会在沿山临湖摆摊，叫卖之声不绝，热闹非凡。

古人说，苏州人有三件大奇事："六月荷花二十四，中秋无月虎丘山，重阳有雨治平寺。"其中的"治平寺"就在上方山。每逢重阳，如果下雨，人们就在寺中牵羊赌彩，饮黄花酒，吃一种名为"骆驼蹄"的面食，十分热闹。

治平寺东临石湖，与越城遗址相对，是南北朝梁天监二年（503）僧人法镜所建，原名楞伽寺，北宋治平元年（1064）改为今名。

治平寺内现在有大雄宝殿、观音殿、治平草堂、越公井等景点。相传，在杨素建新郭时就有一口山泉井。被封为"越国公"的杨素对原井加以疏浚，以供军民饮用，从此，人们将此井称为越公井。越公井至今水量充沛，我们仿佛能从古井水的倒影中窥见治平寺里发生的故事。古时的治平寺，还是文人墨客闲游石湖时的歇脚、雅聚之地，文徵明、唐寅、王宠等在这里留下了许多名篇，也留下了一段段交游往事。

拓展问答

听说治平寺还跟明代失踪的皇帝建文帝有关?

这里有一段趣事。相传，明朝时有个叫王诏的人经常游览治平寺。一次，他无意中听到寺内轮藏里有吱吱声，好奇之下便去查看，发现几只老鼠在啃一本旧书。他赶走了老鼠，翻开书一看，里面竟载有跟随建文帝逃亡的二十几位旧臣的逸事。王诏怜其孤忠，便在每人事迹前各加数句赞语，题名为《忠贤奇秘录》，刊行于世，流传至今。

听说这里还有一座石佛寺，当地人也很喜欢去?

是的。石佛寺又被称为石佛草堂，历史也是相当悠久了，寺中还有文徵明的题字。石佛寺中祭奠的是范成大。因为在百姓的心中，范成大饱读诗书，所以每到纪念日或者大考前夕，人们总会让子女来这里祭拜他，期望孩子能与范成大一般学有所成。

课外活动

用你手中的画笔，画下你印象最为深刻的石湖美景吧!

社会实践课　游览石湖

苏博士去哪儿

“石湖串月”真的很壮观，你们看我拍的照片！

真美！我想到了一首诗：“行春桥畔画桡（ráo）停，十里秋光红蓼（liǎo）汀。夜半潮生看串月，几人醉倚望河亭。”

文文真棒！与虎丘一样，石湖也是古人中秋节时喜爱游览的景点，“石湖串月”更是必看的奇景。丝竹诗人蔡云的这首诗，可说是对观赏“石湖串月”活动的最好写照了。

太美了，今年中秋我一定要去“打卡”！

石湖串月必须要等到月圆之夜才看得见，不过，石湖景区的优美风景却是随时在等着我们，同学们准备好了吗？今天，苏博士就带大家去石湖游山玩水！

微旅游路线推荐

品味“湖光”石湖体验游路线

渔庄——天镜阁——荷花荡——越城遗址——行春桥——越城桥——顾野王墓

饱览“山色”上方山体验游路线

上方山国家森林公园——楞伽塔——石佛寺——范公祠——越公井——乾隆御道——吴王郊台——治平寺——盆景园——动物世界

完成微记录

1. 制作“石湖游手抄报”：

（1）按照你的参观路线绘制一张石湖手绘地图；

（2）拍摄旅途中的精彩照片；

（3）结合文字，制作一份“石湖游手抄报”，与好朋友们分享你的作品。

2. 制作“范成大人物小传PPT”：

（1）搜集更多范成大的生平故事、诗词作品；

（2）制作“范成大人物小传PPT”；

（3）组织小伙伴举办一场范成大研讨会，演示你的PPT。

选择一种完成

附录　苏州名胜古迹一览

姑苏区

拙政园——东北街 178 号
忠王府 苏州博物馆——东北街 178 号
狮子林——园林路 23 号
怡园——人民路 1265 号
环秀山庄——景德路 272 号
耦园——小新桥巷 7 号
观前街 玄妙观——观前街
平江路历史街区——平江路
北寺塔 报恩寺——人民路 1918 号
艺圃——文衙弄 5-7 号
曲园——人民路马医科 43 号
五峰园——五峰园弄 15 号
网师园——阔家头巷 11 号
沧浪亭——沧浪亭街 3 号
盘门——东大街 49 号
文庙——人民路 613 号
双塔 定慧寺——定慧寺巷
胥门——百花洲 99 号
虎丘山——山塘街山门巷 8 号虎丘山风景名胜区
七里山塘——阊门外山塘街
留园——留园路 338 号
西园（戒幢律寺）——留园路西园弄 18 号
枫桥 寒山寺——枫桥路
南浩街——南浩街
阊门遗址——阊胥路 521 号

吴中区

宝带桥——东方大道与吴东路交界处
天平山——灵天路
灵岩山——灵天路
天池山——木渎古镇
穹窿山——藏书镇兵圣路
东山——东山镇
西山　林屋洞——金庭镇
光福古镇——福湖路
角直古镇——晓市路

苏州高新区（虎丘区）

石湖 上方山——吴越路
花山——华山路
白马涧　龙池——华山路
支硎山——枫桥街道西南
阳山　文殊寺——浒墅关经济开发区阳山环路

相城区

阳澄湖　莲花岛——阳澄湖镇莲花村西洋村相石路 27 号
皇罗禅寺——苏州相城区阳澄湖镇官径桥西侧

苏州工业园区

金鸡湖——钟园路 747 号
重元寺——慈云路 333 号

吴江区

同里古镇——中川南路
黎里古镇——浒泾街
震泽古镇——震新南路
静思园——云梨路 919 号
平望古镇——西新街

昆山市

玉峰山——拱辰路
周庄古镇——全福路
锦溪古镇——邵甸港路

常熟市

虞山——虞山南路
方塔——环城东路 28 号

太仓市

沙溪古镇——中市街与长寿南路交叉口东北 50 米
南园（太师府）——南园东路 7 号
弇山园——县府西街 40 号

张家港市

凤凰山——凤凰镇凤凰客运站东 600 米
香山——金港镇江海南路